Tips und Tricks für die Praxis · Aus Medical Tribune

Tips und Tricks

Band I

FÜR DIE PRAXIS

Aus Medical Tribune

Herausgegeben von Dr. med. Peter Heidler

Verlag Medical Tribune GmbH, Wiesbaden

Tips und Tricks für die Praxis, Band I
Aus Medical Tribune
Herausgeber Dr. med. Peter Heidler, Chefredakteur

ISBN 3-922264-05-0

Layout und Satz: Ewald Wölfel
Herstellung: EK Offset,
Ettner + Kast Offsetdruck, Riedstadt

Seit zwei Jahren erscheinen die kleinen Tips aus dem Praxisalltag in MEDICAL TRIBUNE. Hier finden wir sie nun gesammelt! In Instituten und Kliniken der Schulmedizin wird seit mehr als 100 Jahren jede Beobachtung aufgeschrieben, mit Forschungskollegen diskutiert, Hypothesen und schließlich Theorien zugeordnet, welche dann – dem schulmedizinischen Lehrgebäude beigefügt – der Nachwelt überliefert werden. Anders ergeht es den Beobachtungen der Ärzte in der Praxis. Sie werden allenfalls vom Vater auf den Sohn oder Praxisnachfolger weitergegeben, oft aber auch mit ins Grab genommen. MEDICAL TRIBUNE kam auf die Idee, die Beobachtungen im Alltag praktisch tätiger Ärzte zu sammeln und der ärztlichen Öffentlichkeit

zur Verfügung zu stellen.
Diesem Gedanken ist auch für die Zukunft Erfolg zu wünschen, weil damit nicht nur wertvolle Beobachtungen einer größeren Zahl von Ärzten zum Nutzen der Patienten zugängig gemacht werden, sondern auch eine Kritik dieser Beobachtungen möglich wird. Dies kann schließlich zur Weiterentwicklung der Allgemeinmedizin beitragen, welche wie keine andere Wissenschaft darunter gelitten hat, daß die Beobachtungen praktisch tätiger Ärzte bisher kaum kritisch hinterfragt wurden.

Dr. med. Klaus-Dieter Kossow
Stellvertr. Bundesvorsitzender
des Berufsverbandes der Praktischen Ärzte
und Ärzte für Allgemeinmedizin Deutschlands e.V.

Hausbesuche

Praxisorganisation

Diagnostische Tricks

Das hilft auch bei Diagnostik und Therapie

Wenn Sie Kinder behandeln

Spritzen geben

Kleine Chirurgie

Tips zur Urologie und Gynäkologie

Hals-Nasen-Ohren und Augen

Ratschläge für Patienten

Arzttasche immer komplett

von Dr. Walter Swoboda, Arzt für Allgemeinmedizin, Schwäb. Gmünd

Das Problem: Wichtiges Medikament fehlt in der Arzttasche. Man hat beim Hausbesuch ein dringend benötigtes Medikament (Ampulle) nicht dabei, weil diese Ampulle beim Auffüllen der Arzttasche vergessen wurde.

Der Tip: Nach jeder Injektion beim Hausbesuch werden die leeren Ampullen in eine mitgeführte Plastiktüte gegeben und in der Arzttasche belassen.

Die Folge: Wenn die Sprechstundenhilfe nach der Besuchstour die Arzttasche wieder auffüllt, sieht sie genau, welche Ampullen verbraucht wurden und nichts wird vergessen.

Hausbesuche richtig geplant

von Dr. Richard Barabasch, Muggensturm

Das Problem: Die rationelle Organisation der täglichen Hausbesuche.

Der Tip: Am Armaturenbrett ein DIN-A-5-Feld vorsehen zur Aufnahme der Karteikarten. Diese werden von der Helferin in der Reihenfolge sortiert, wie Sie mit dem Fahrzeug am sinnvollsten die Strecke der zu besuchenden Patienten abfahren. Als „Deckblatt" wird eine Liste der täglichen Hausbesuche angelegt, die – wenn der Hausbesuch gemacht ist – abgehakt wird und mit entsprechenden Bemerkungen, wie z.B. „Fr" für „nächster Besuch am kommenden Freitag", versehen wird und bei der Rückkehr der Helferin wiederum vorgelegt wird zum Eintrag in ein Vormerkbuch sowie zum Abheften als „Nachschlagewerk" über ausgeführte Hausbesuche.

Die Folge: Schriftliche Dokumentation über die getane Arbeit und schriftliche Kommunikation für den Arzt und die Helferin über durchgeführte Hausbesuche und über in Bälde auszuführende Hausbesuche.

Hausbesuche noch rationeller

von Dr. Jürgen F. Hach, Rottenbusch

Das Problem: Rationalisierung der Hausbesuche.

Der Tip: Bei mir fahren bei Hausbesuchen immer die Karteikarten in der Reihenfolge der Besuche mit, in denen dann abgezogene Rezeptformulare, Überweisungsscheine, Heilmittelverordnungen, sowie bei Berufstätigen Arbeitsunfähigkeitsbescheinigungen liegen. Ich meine, mit der Karteikarte in der Hand kenne ich den Patienten besser. Außerdem führe ich immer ein handliches Diktaphon mit, auf das ich die geleisteten Arbeiten spreche, die dann von der Helferin abgehört und in die Karteikarte eingetragen werden.

Die Folge: Hierdurch wird viel Zeit gespart, da diese Notizen während der Fahrt zum nächsten Patienten gesprochen werden können.

... und außerdem
Weiterhin kann man all jene Dinge, die einem im Laufe des Tages einfallen, schnell und ohne zusätzlichen Zeitaufwand notieren. Die Helferin trägt diese Notizen in ein vorgesehenes Büchlein ein, in dem man dann nachlesen kann, woran man noch denken sollte.

1. Hausbesuch bei älteren Patienten

von Dr. Rolf Heinz, prakt. Arzt, A-Dornbirn

Das Problem: Ältere Menschen nehmen oft von verschiedenen Ärzten verordnete Medikamente gleichzeitig ein.

Der Tip: Inspektion der Hausapotheke anläßlich der ersten Visite.

Die Folge: Vermeidung von Interaktionen potenter Medikamente. Außerdem registriert der Patient dankbar, wie der Doktor sich um ihn kümmert.

Hausbesuch bei Nacht

von Dr. K. Gordon, Ipswich/England

Das Problem: Sie werden nachts zu einem Patienten gerufen, den Sie bisher nie besucht haben.

Der Tip: Bitten Sie die Angehörigen, ein weißes Tuch an den Eingang zu ihrem Vorgarten oder an die Haustür zu binden.

Die Folge: Sie ersparen sich das mühselige Entziffern von Hausnummern in der Dunkelheit.

Dazu Dr. K. Gaydoul, Mülheim/Ruhr:
Bei Nachtbesuchen grundsätzlich Außenlampe anmachen lassen, wenn vorhanden, und außerdem Licht in der betreffenden Wohnung.

So spart man Zeit

von Dr. Erhard Britz, Neuwied

Das Problem: Bei einem Hausbesuch muß Ihr Wagen gewendet oder rangiert werden.

Der Tip: Dieses Manöver sollte vor dem Besuch getätigt werden.

Die Folge: Man macht auf diese Weise auf sich aufmerksam und erspart in vielen Fällen das Klingeln an der Haustür und das nachfolgende Warten, bis die Tür geöffnet wird.

Schreibarbeit beim Hausbesuch gespart

von Dr. H.G. Pfeffer, prakt. Arzt, Reiskirchen

Das Problem: Rationalisierung der Hausbesuche.

Der Tip: Vor Abfahrt zu den Besuchen lasse ich mir von meiner Arzthelferin für jeden Patienten, den ich besuchen soll, ein Rezeptformular und einen Überweisungsschein mit der Adresse abziehen bzw. den Kopf per Hand ausfüllen.

Die Folge: So spare ich zeitraubende Schreibarbeit. Benötige ich den Überweisungsschein nicht, wandert er in die Kartei.

Infusion bei Hausbesuchen

von Dr. A. Schneider, Spezialarzt für Innere Medizin FMH, Zürich

Das Problem: Infusionen im Hause älterer dehydrierter Patienten.

Der Tip: Bei älteren Patienten Infusionen von Kochsalz- oder 5%iger Glucose-Lösung subkutan stecken, wobei gut 1 Liter je Bein gegeben werden kann (gleichzeitig, um sich einen zweiten Besuch zu ersparen). In die liegende Nadel oder in den Schlauch 500 Einheiten Hyaluronidase spritzen. Bei jungen Patienten mit straffer Haut allerdings zu schmerzhaft. Vorteile gegenüber der i.v.-Infusion: Applikation einfacher, Wartung und Herausnahme idiotensicher. Einlaufen von total 1 Liter in 2 h durchaus möglich und gestattet.

Die Folge: Beweglichkeit des Patienten viel weniger eingeschränkt. Keine Gefahr der kardialen Überlastung, da Flüssigkeit gegebenenfalls nicht resorbiert wird.

Zweimal BSG beim Hausbesuch

1

von Dr. Ernst Tscheslog, Allgemeinmedizin Naturheilverfahren, Bremen-Horn

Das Problem: BSG beim Hausbesuch.

Der Tip: Bei einem Hausbesuch mache ich die BSG nach alter Methode: Ich ziehe 4 Strich Na citr. in die 2er-Spritze, setze die Schutzkappe auf die Kanüle, lege die ausgezogene Spritze in eine Fieberthermometerhülle oder ähnliches und ziehe die Blutmischung in der Praxis wie gewohnt auf. Sollte ich länger unterwegs sein, entleere ich die Mischung in ein kleines Röhrchen, verschließe mit Gummistopfen, schüttele zu Hause durch und setze an wie gewöhnlich.

Die Folge: Die Ergebnisse sind einwandfrei.

2

von Dr. Edwin Grob-Dal Pan, Spezialarzt FMH für Allgemeine Medizin, CH-Wil

Das Problem: Bestimmung der Blutsenkungsgeschwindigkeit.

Der Tip: Eine wesentliche Erleichterung für die Praxis bedeutet die Blutsenkung nach Alder im weiten Röhrchen, in das bis zur Graduierung Citrat eingefüllt wird. Mit der Kanüle kann direkt ab Vene ohne Spritze bis zu 10 cm Graduierung Blut eingefüllt werden. Gummizapfen drauf, 3 x kippen zum Mischen und in gewöhnlicher Holzbank mit Bohrlöchern aufstellen.

Die Folge: Die Röhrchen können auch transportiert werden (z.B. bei Hausbesuchen!) und nach erneutem Mischen wieder aufgestellt werden: innerhalb einiger Stunden ohne wesentliche Fehler.

Wenn Unbekannte nachts anrufen

von Dr. Leo Bräkling, prakt. Arzt und Geburtshelfer, Spenge/Westfalen

Das Problem: Sie werden in der Nacht von Unbekannten zu einem Besuch gebeten.

Der Tip: Lassen Sie sich die Telefonnummer geben und rufen Sie dann zurück.

Die Folge: Sie kennen eventuell den Inhaber dieser Nummer oder hören, ob der Besuch begründet ist. (Einmal legte der Anrufer auf, ohne die Nummer zu nennen, und ein weiteres Mal gab es die genannte Telefonnummer nicht.)

Wohin mit der Kanüle beim Hausbesuch?

von Dr. David Haslam, Ramsey

Das Problem: Sie wissen nicht, wo Sie bei Hausbesuchen gebrauchte Hilfsmittel wie Einmal-Spritzen, Kanülen etc. lassen sollen.

Der Tip: Ergänzen Sie den Inhalt Ihres Arztkoffers durch einen Tiefkühlbehälter aus Plastik, der die „medizinischen Abfälle" aufnimmt.

Die Folge: Sie brauchen den Abfall zu Hause nicht mühselig herauszuklauben und haben keinen Ärger mit feuchten Tupfern oder kontaminiertem Material.

Nach Hausbesuch Diktat im Auto

von Dr. H.G. Pfeffer, praktischer Arzt, Reiskirchen

Das Problem: Rationalisierung der Hausbesuche.

Der Tip: Ich führe in meinem Auto ein Handdiktiergerät mit, und vor der Fahrt wird das Tagesdatum aufgesprochen. Die telefonisch bestellten Besuche übertrage ich in ein Jahrbuch auf den entsprechenden Tag. So habe ich eine gut zu bewahrende Dokumentation. Nach jedem Besuch streiche ich nun den Patienten, und ich spreche alle geleisteten Gebührenordnungsziffern mit Adresse und Krankenkasse des Patienten auf Band.

Die Folge: So spare ich mir erhebliche Schreibarbeiten.

Taxi beschafft das Medikament

von Dr. Manfred Freiherr von Ungern-Sternberg, Arzt für Allgemeinmedizin, Homöopathie, Detmold

Das Problem: Hausbesuch beim alleinstehenden Patienten. Niemand ist da, die Arznei zu holen. Es ist Sonntag.

Der Tip: Rufen Sie die Apotheke an und sagen Sie das Rezept durch. Dann telefonieren Sie mit der Taxizentrale, lassen den Fahrer die Arznei abholen, vorauslegen und bringen.

Die Folge: Der Patient kommt rasch zu seiner Arznei. (Das Taxi kostet leer genausoviel, wie wenn einer mitfährt!)

Otoskop als Lichtquelle bei . . .

von Dr. H.S., prakt. Arzt (Name und Anschrift der Redaktion bekannt)

Das Problem: Ich benötige eine Lichtquelle, habe aber nichts Geeignetes zur Hand.

Der Tip: Eine Taschenlampe läßt sich notfalls durch das Otoskop ersetzen.

Die Folge: Das Otoskop leistete mir bereits gute Dienste beim Ausräumen eines Abortus incompletus, bei der Racheninspektion und beim Entziffern von Hausnummern.

Wann kommen Sie zum Hausbesuch?

von Dr. R.A. Hardmann, Liverpool

Das Problem: Ihre Patienten fragen, wann Sie zu einem Hausbesuch kommen, aber Sie können unmöglich eine genaue Zeit angeben.

Der Tip: Eine Antwort, die beide Seiten zufriedenstellt, ist z.B.: „Kurz vor oder nach dem Mittagessen."

Die Folge: Sie können dann zu jeder Zeit zwischen 10.30 und 14.00 Uhr auftauchen.

und wo bleibt Ihr Tip?

Vordruck letzte Seite

Stempel verhindern Zettelwirtschaft

von Dr. U. Hoegg, Arzt für Arbeitsmedizin, München

Das Problem: Befunde raumsparend und übersichtlich an jeder beliebigen Stelle der Patientenkartei zu dokumentieren.

Der Tip: Statt Formulare Stempel verwenden, z.B. für die Auswertung der Spirometrie:

Lungenfunktion

VC	FEV_1	%	MF

Weitere Stempel verwende ich zur Dokumentation der Laborbefunde, der ärztlichen Untersuchungsbefunde und zur Entbindung von der ärztlichen Schweigepflicht. (Da ich an mehreren Dienststellen tätig bin, benutze ich Taschenstempel.)

Die Folge: Zusätzliche Formulare müssen weder beschriftet noch verwahrt werden.

Wie Ärztemuster aufbewahren?

von Dr. Peter Hildebrandt, Arzt für Allgemeinmedizin, Edemissen

Das Problem: Arzneimittelmuster zur Erprobung sammeln sich in jeder Praxis. Wie sie sachgerecht ordnen?

Der Tip: Versehen Sie die Muster mit der Hauptgruppenzahl der Roten Liste und sortieren Sie in numerierte Kästchen! Nicht in der Liste aufgeführte Präparate werden alphabetisch aufbewahrt. Ändert sich bei Neuauflagen das Hauptgruppenverzeichnis, so ist das eine willkommene Gelegenheit, den ganzen Arzneischrank durchsehen zu lassen.

Die Folge: Muster griffbereit in systematischer Ordnung und regelmäßig durchgesehen.

Ordnung in der Kartei

von Dr. Heinz Raue, Arzt für Allgemeinmedizin, Frankfurt/Main

Das Problem: Die „falsch geparkte" Karteikarte.

Der Tip: Viele Karteikarten haben oben das Alphabet aufgedruckt. Mit einem roten Filzstift wird über dem Buchstaben, mit dem der Name anfängt, die oberste Karteikante markiert. Im Karteikasten bilden alle diese Markierungen eine rote Linie.

Die Folge: Eine in einem anderen Buchstaben versteckte Karteikarte ist sofort an ihrem roten Strich zu erkennen.

Röntgenbilder sinnvoll sortiert

von cand. med. Gerhard Bartzke, Ulm

Das Problem: Häufig finden sich in Röntgenbildertüten unzählige alte neben den neuen, aktuellen Aufnahmen.

Der Tip: Jeweils das neueste Bild wird am oberen Rand mit einem (roten!) selbstklebenden Punkt markiert.

Die Folge: Die interessierenden Röntgenbilder sind schnellstens zur Hand, es muß nicht mehr jedesmal die ganze Tasche durchsucht werden.

Praxisablauf erleichtert

von Dr. Peter Mohr, praktischer Arzt (Facharzt für Innere Medizin und Radiologie), Hilders

Das Problem: Wie ich mir den Praxisablauf erleichtere.

Der Tip: Die Verantwortlichkeiten für Funktionieren des Praxisablaufes sind unter meinen vier Assistentinnen klar aufgeteilt: wer für das Besprechen des Alibifons zuständig, wer für das Aushängen des Notdiensthinweises, wer für das Abstellen des Kassettenrecorders usw. verantwortlich ist.

Die Folge: Dies erleichtert meinen Mädchen ein verantwortungsvolles Arbeiten und entlastet mich selbst von unnötigen Überlegungen.

Schreibarbeit gespart

von Dr. Gernot Rommel, Arzt für Allgemeinmedizin, Krefeld (Bokkum)

Das Problem: Rationalisierung beim Hausbesuch.

Der Tip: In die Karteikarte lasse ich mir 3M-Action Paper (selbstdurchschreibendes Papier) in Rezeptformat legen. Meine Rezeptierung überträgt dann meine Arzthelferin in der Praxis.

Die Folge: Schreibarbeit beim Hausbesuch gespart.

Schreibarbeit rationalisiert

von Dr. E. Bonnet, Facharzt für Kinderheilkunde, Reutlingen

Das Problem: Wie sich die Schreibarbeit in der Praxis vereinfachen läßt.

Der Tip: Alle Briefe auf DIN-A4-Doppelbriefbogen mit fest eingefügtem Durchschreibepapier abfassen.

Die Folge: Nur ein Papierformat, keine Fummelei mit Kohlepapier. Mehrkosten der Herstellung werden wettgemacht durch sauberen Durchschlag mit Kopf und durch die Verwendung von gefensterten Standardcouverts ohne Namensaufdruck.

Kartei übersichtlicher

von Dr. Peter Mohr, prakt. Arzt, Facharzt für Innere Medizin und Radiologie, Hilders

Das Problem: Wie ich mir die Karteiführung erleichtere.

Der Tip: Rot kennzeichnet in meiner Kartei alles, was mit Blut und Labor zu tun hat, somit also Blutbilder, Laborergebnisse sowie Urinuntersuchungen. Alles, was mit dem Herzen zu tun hat, also EKG, Ergometrie, das jeweils verordnete Herzmedikament und Angaben über Herzinsuffizienz sind grün unterstrichen bzw. eingetragen. Alle Fremddiagnosen erscheinen gekürzt in Maschinenschrift. Männliche Vorsorgeuntersuchungen sind durch ein großes M am linken Karteirand gekennzeichnet. Alle laufenden Eintragungen erfolgen sonst mit blauem oder schwarzem Kugelschreiber.

Die Folge: Auf diesem einfachen Wege ist meine Kartei schnellstens übersichtlich und sofort nach verschiedenen Fragestellungen aufschlüsselbar. So ist in Sekundenschnelle eine Aussage über das letzte EKG, die laufende Herzmedikation oder die Frage nach früherer kardialer Insuffizienz zu beantworten.

Formulare schnell gefunden

von Dr. A. Morgenroth, prakt. Arzt, Kassel

Das Problem: Wie findet man schnell das richtige Formular in der Schreibtischschublade?

Der Tip: Die geblockten oder gebündelten Formulare werden hochkant nebeneinandergestellt, auf die Schmalseite (Schnittkante) wird als Stichwort die Art des Formulars geschrieben.

Die Folge: Ordnung und Übersichtlichkeit; was nicht mehr lesbar ist, signalisiert sich selbst zur Nachbestellung.

Besser als Knoten im Taschentuch

von Dr. Peter Mohr, prakt. Arzt, Hilders

Das Problem: Ich habe während des Praxisablaufs einige wichtige Termine, die ich auf keinen Fall vergessen darf.

Der Tip: Auf meinem Schreibtisch steht ein Kurzzeitwecker bis zu 60 Minuten, den ich einstelle, wenn ich z.B. während eines Patientengesprächs oder Telefonats eine zweite oder dritte Aufgabe durch den Praxisablauf gestellt bekomme. Dem gleichen Zweck dient ein Wecker an meiner Armbanduhr (Firma Jaeger le Coutre).

Die Folge: Ein reibungsloser Tagesablauf.

Schwierige Namen von Ausländern

von Dr. Hans-Wilh. Oberschulte, Facharzt für Augenkrankheiten, Dortmund

Das Problem: Wir haben viele Ausländer als Patienten, deren Namen oft schwierig sind und mitunter auf Krankenscheinen und Überweisungen nicht richtig geschrieben sind.

Der Tip: Wir lassen alle Ausländer vor Anlegen einer Karteikarte ihren Namen selbst schreiben.

Die Folge: Nur auf diese Weise ist sichergestellt, daß man die Karte richtig einsortiert und bei späterer Inanspruchnahme auch wiederfindet.

Quartalsabrechnung erleichtert

von Dr. Hans-Jürgen Saager, Facharzt für Frauenheilkunde und Geburtshilfe, Celle

Das Problem: Beim Sortieren der RVO-Scheine am Quartalsende werden die ortsfremden AOK-Scheine leicht übersehen und somit falsch abgelegt oder einsortiert.

Der Tip: Alle fremden AOK-Scheine schon bei Abgabe durch den Patienten mit rotem Filzstift deutlich markieren.

Die Folge: Dadurch werden falsch einsortierte Scheine leicht erkannt, und zeitraubendes Suchen wird vermieden.

Der bestellte Patient kommt nicht

von Dr. Franz Meyer, Aachen-Burtscheid

Das Problem: In jeder Bestellpraxis ärgert man sich schwarz über jene unzuverlässigen Patienten, die unentschuldigt ihren Termin nicht einhalten, d.h. entweder überhaupt nicht oder aber mit mehr oder minder großer Verspätung kommen. Nicht immer lassen sich die so entstehenden Zeitlücken durch unangemeldete Patienten ausfüllen.

Der Tip: Ich gehe jetzt so vor, daß diese Patienten auf eine „schwarze Liste" kommen, welche die Helferin ständig in Sichtweite hat. Die so erfaßten Patienten erhalten grundsätzlich nur einen der beiden letzten Termine am Schluß der Vor- oder Nachmittagssprechstunde.

Die Folge: Was früher oft ein Ärgernis war, wurde dadurch zu einer gelegentlichen Quelle der Freude: bei Nichterscheinen verlängert sich meine 'Mittagspause bzw. beginnt mein „Feierabend" nicht gar so spät.

Abrechnung noch sicherer

von Dr. Jörg Barlet, Arzt für Allgemeinmedizin, Heidelberg

Das Problem: Kassenleistungen werden auf die Karteikarte eingetragen und am Ende des Quartals oder auch abends auf den Krankenschein übertragen. Oft wird die Eintragung vergessen, z.T. auch einfach das Übertragen vergessen.

Der Tip: In der Karteikarte liegt der Krankenschein auf einem durchschreibenden Papier. Die Ziffern nach BMA oder EGO werden sofort bei Behandlung eingetragen, die Durchschrift verbleibt als vierteljährlicher Belag in der Kartei.

Die Folge: Es kommt zu keinem Kostenverlust; außerdem hat man bei Nachfragen eine genaue Unterlage.

Kassenabrechnung ohne Überstunden

von Dr. G. Brodhage, HNO-Arzt, Bielefeld

Das Problem: Kassenabrechnung am Quartalsende.

Der Tip: Ist die Behandlung eines Patienten abgeschlossen und der Krankenschein vorhanden, werden alle Abrechnungsvorgänge sofort erledigt (Diagnose, Ziffern, Abhaken), evtl. durch Anfängerin mit nachfolgender Kontrolle durch Erfahrene und/oder Arzt.
DIN-A-5-Karteikarten mit Krankenschein, bei größeren Systemen nur den Krankenschein in Weichplastikhülle legen und in einem „Abgerechnet"-Kasten grobalphabetisch einordnen. Kommt innerhalb des Quartals ein Patient nochmals, wird alles in die „laufende" Kartei zurückgenommen. Wichtig: Der Abrechnungsvorgang muß vollständig abgeschlossen sein, damit ein nochmaliges Durchsehen unnötig ist.

Die Folge: Je nach Fachgruppe verteilen sich 50-90% der Abrechnung auf drei Monate.

Blutbild schneller

von Dr. Peter Hildebrandt, Arzt für Allgemeinmedizin, Edemissen

Das Problem: Im Einzellabor der Arztpraxis sind die mikroskopischen Zellzählungen – korrekte Auszählung hinreichend vieler Quadrate vorausgesetzt – besonders zeitaufwendig.

Der Tip: Zählen Sie mit nur einem Impuls je Zahl, wie ein mechanisches Zählwerk! Das geht so: Die Einer werden stumm, auch möglichst ohne lautlose Lippenbewegungen gezählt, die Zehner laut; also „(eins – zwei – drei – vier – fünf – sechs – „siem" – acht - neun –) **eins** – (eins – zwei ...)". Bis 129 = **„zwölf** – (... neun)" kommen Sie mit nur einer Silbe je Zahl aus, und mehr als 129 Zellen werden Sie kaum jemals in einem mikroskopischen Zählfeld finden.

Die Folge: Rationelle mikroskopische Zellzählung im Praxislabor.

Praxisvertretung: Ich will Kurzberichte

von Dr. Urs Bürki, Spezialarzt für Innere Medizin FMH, Ch-Thun

Das Problem: Das Einfügen von Berichten von Kollegen über vertretungsweise behandelte Patienten in die eigenen Krankengeschichten.

Der Tip: Ich bitte die Kollegen, ihren stichwortartigen Bericht über die verschiedenen Patienten auf Kleinformat (A 5) zu schreiben und die Blätter nur einseitig zu beschriften. (Im umgekehrten Fall tue ich natürlich dasselbe).

Die Folge: Die Kurzberichte über die einzelnen Patienten können als Streifen ausgeschnitten und direkt in die eigenen Krankengeschichten (die ebenfalls Format A 5 haben) chronologisch eingeklebt werden.

Trotz Anrufbeantworter privat erreichbar

von Dr. G. Giessen, Arzt für Allgemeinmedizin,
Pirmasens-Fehrbach

Das Problem: Durch den automatischen Anrufbeantworter wird zwar dem Patienten der vertretende Arzt mitgeteilt, aber der Arzt selbst ist für seine Familienangehörigen telefonisch nicht zu erreichen.

Der Tip: Vereinbaren Sie mit Ihren Angehörigen, daß sie dreimal hintereinander durchrufen. Wichtig: Nur einmal durchläuten lassen und sofort wieder auflegen, ca. 60 sec warten (während dieser Zeit läuft das Band) und diesen Vorgang dreimal wiederholen. Beim vierten Mal muß der Arzt abheben. Nur der letzte, vierte Anruf ist gebührenpflichtig für den Anrufer. (Patienten rufen oft zweimal hintereinander an, da sie die Telefonnummer des vertretenden Arztes mitschreiben wollen.)

Die Folge: Der dienstfreie Arzt ist auch bei eingeschaltetem Anrufbeantworter jederzeit für seine Familie zu erreichen.

Anmerkung der Redaktion:
Jeder Fernsprechteilnehmer kann neben seinem Anschluß mit offiziell bekannter Telefonnummer einen zweiten Anschluß einrichten. Dieser zweite Anschluß auf den Namen desselben Teilnehmers am gleichen Ort ist ohne weitere Begründung auf Wunsch von der Eintragung ins Telefonbuch befreit.

Zeitgewinn beim Wiegen

von Dr. Klaus Franke, Facharzt für Innere Krankheiten – Badearzt, Bad Teinach/Schwarzwald

Das Problem: Das Schuhe-Ausziehen vor dem Gewogenwerden erfolgt fast reflexartig; aber was soll's? Wenn ich den Patienten nicht nackt wiege, muß ich das Gewicht der Kleidung ohnehin abschätzen, um es abziehen zu können. Es ist ein Leichtes, das Gewicht der Schuhe ebenso abzuschätzen.

Der Tip: Wiegen Sie einmal ein Paar hohe Schuhe, ein Paar Halbschuhe und ein Paar leichte Sandalen – dann wissen Sie's! Und in Zukunft wiegen Sie Ihre Patienten nur noch mit Schuhen!

Die Folge: Zeitgewinn in der Sprechstunde und weniger Mühe und Arbeit für den Patienten. Besonders für ältere Menschen ist das Aus- und Anziehen der Schuhe manchmal recht mühsam.

Kein Ärger mit dem Apotheker

von Dr. Walther Seufert, Arzt für Allgemeinmedizin, Mannheim

Das Problem: Fehlender Krankenschein.

Der Tip: Nachdem ich mehrfach die Erfahrung gemacht hatte, daß Apotheken den auf Privatrezepten angebrachten Vermerk „mangels Krankenschein" (wie vom Bundesmantelvertrag vorgesehen) nicht beachtet haben, was zu Ärger führte, habe ich mir einen Stempel machen lassen: „Dieses Privatrezept wird bei Abgabe des gültigen Krankenscheines in ein Kassenrezept umgetauscht".
Der Patient erhält dieses Privatrezept von der Apotheke als Quittung zurück und kann dann mit dem bei mir abgeholten Kassenrezept sein Geld (abzüglich Rezeptgebühr) in der Apotheke zurückbekommen.

Die Folge: Kein Ärger mehr.

Das ist mein Service bei Überweisungen

von Dr. Walter Dietz, Arzt für Allgemeinmedizin, Külsheim

Das Problem: Bei Überweisungen zum Facharzt wird fast immer nach Adresse, Telefonnummer und Sprechzeiten gefragt.

Der Tip: Zur Einsparung von Zeit beim Nachschlagen und Aufschreiben der entsprechenden Daten habe ich die Daten der von mir am häufigsten frequentierten Ärzte auf Adremafolie aufgeprägt, auf DIN-A7-Zettel entsprechend viele Abzüge hergestellt und griffbereit beim Schreibtisch in einem kleinen Karteikästchen alphabetisch geordnet aufgestellt.

Die Folge: 1. Zeitersparnis. 2. positive Auswirkung beim Facharzt da Einhaltung der Sprechzeiten, auch häufig telefonische Voranmeldung.

Fachärzte schicken Visitenkarten, weil ...

von Dr. Walther Seufert, Arzt für Allgemeinmedizin, Mannheim

Das Problem: Ich habe anfänglich mit der Adressette Wohnung, Sprechzeiten usw. der meist „verlangten" Fachärzte auf Zettel geschrieben. Mit steigender Zahl der Niederlassungen wurde mir dies aber zuviel, zumal immer wieder Sprechstunden und Telefonänderungen registriert werden müssen.

Der Tip: Ich habe mir deshalb von den Fachärzten in regelmäßigen Abständen (Anruf genügt) Visitenkarten mit den nötigen Angaben schicken lassen, was von den Fachärzten sehr gern erledigt wurde.

Die Folge: Arbeitserleichterung!

Standardrezepte auf Vorrat

von Dr. Karl Leibl, Facharzt für Erkrankungen der Haut, Straubing

Das Problem: Jeder Arzt hat eine bestimmte Anzahl von bewährten, zusammengesetzten Rezepten, die er bei entsprechender Indikation verschreibt.

Der Tip: Es bedeutet eine große Zeitersparnis, wenn diese Standard-Rezepte mit der Rena-Adressette vorgeschrieben und abgezogen werden. So können beliebig viele Standard-Rezepte jeweils in einer kleinen Mappe mit der Aufschrift der Erkrankung vorrätig gehalten und ohne zeitraubende Schreibarbeit evtl. mit geringer Modifikation des Textes aus Ablagefächern des Schreibtisches entnommen werden. Nur der Rezeptkopf muß von der Helferin extra geschrieben oder abgezogen werden.

Die Folge: Erhebliche Arbeitserleichterung bei der Praxis-Organisation.

Blutsenkung nicht mehr verwechseln

von Dr. Rolf Matthies, Arzt für Allgemeinmedizin, Wiesbaden

Das Problem: Abgenommene Blutsenkungen werden manchmal verwechselt.

Der Tip: Dünnes kleines Namenszettelchen mit der Kanüle aufspießen.

Die Folge: Keine Verwechslung, auch bei Großbetrieb in der Praxis möglich.

Bereitschaftstasche immer tipp-topp

von Dr. P. Hildebrandt, Edemissen 9 (Wipshausen)

Das Problem: Beim Hausbesuch sollten Sie die diagnostischen Hilfsmittel des Allgemeinpraktikers (Fieberthermometer, Taschenlampe, Mundspatel, Stethoskop. Augen- und Ohrenspiegel, Blutdruckmesser, Reflexhammer, Handschuh und Gleitmittel, Teststreifen für Glykosurie und Albuminurie) stets vollzählig zur Hand haben.

Der Tip: Benutzen Sie das Diagnostik-Set der Bereitschaftstasche auch in der Sprechstunde! Die Tasche findet aufgeklappt Platz auf einem niedrigen (Schreibmaschinen-) Tisch in Reichweite. Ein Spatel und ein Handschuhspender vervollständigen das Arrangement.

Die Folge: Diagnostikteil der Bereitschaftstasche tipp-topp.

Wenn der Krankenschein fehlt...

1

von Dr. J. Klingeberg, Facharzt für Urologie, Arnsberg

Das Problem: Fehlende Kranken- und Überweisungsscheine.

Der Tip: Ich lasse jeden „vergeßlichen" Patienten folgendes Formular ausfüllen:

Betr.: Fehlender Krankenschein
Ich bestätige hiermit, daß ich heute ohne gültigen Krankenschein (Überweisung) bei Herrn Dr. med. Klingenberg, Arzt für Urologie in Arnsberg, zur Untersuchung war. Der fehlende Schein wird von mir binnen 10 Tagen nachgereicht. Erfolgt dieses nicht, so wünsche ich ohne weitere Mahnung die private Verrechnung (zweifacher Satz der amtlichen Gebührenordnung). Datum, Unterschrift.

Die Folge: Seit zwei Quartalen kein Ärger mehr mit fehlenden Kranken- bzw. Überweisungsscheinen!

2

von Dr. Johannes Dietrich, Facharzt für Gynäkologie – Badearzt, Bad Aibling

Das Problem: Der fehlende Krankenschein.

Der Tip: Beruhigen Sie den Patienten, der seinen Krankenschein vergessen hat und lassen Sie sich eine Bestätigung über Inanspruchnahme ärztlicher Behandlung unterschreiben, indem Sie zu ihm sagen: „Bitte bestätigen Sie mir, daß Sie in der Krankenkasse x versichert sind (klingt versöhnlicher) und unterschreiben Sie bitte hier!"

Die Folge: Fehlt der Krankenschein zum Quartalsende, schicken Sie Ihre Helferin mit den Bestätigungen zur örtlichen Krankenkasse. Sie stellt Ihnen einen Krankenschein aus. Das lästige, vom Patienten peinlich empfundene Mahnschreiben entfällt. Keine Diskussion mehr: „Den Schein habe ich doch schon abgegeben!"

P.S.: Vordrucke kostenlos in jeder Menge bei der Formularausgabestelle Ihrer KV erhältlich.

3

von Dr. Volker Weinmann, praktischer Arzt, Kirchenthumbach

Das Problem: Patienten ohne Krankenschein.

Der Tip: Ich gebe den Patienten beim zweiten Besuch ohne Schein (will nicht wie ein Krankenschein-Hai aussehen) ein knallorangefarbiges Kuvert mit meiner Adresse und der Aufschrift „inliegend Krankenschein" mit.

Die Folge: Meist prompte Zusendung des Krankenscheins; der anzumahnende Rest ist unbedeutend.
PS: Die Methode stammt vom Bayr. Ärzteverlag.

Der Trick von mir: Meine Hausdruckerei druckt die Umschläge billiger.

4

von Dr. Hans-Wilh. Oberschulte, Facharzt für Augenkrankheiten, Dortmund

Das Problem: Fehlende Krankenscheine.

Der Tip: Patienten ohne gültigen Krankenschein bekommen grundsätzlich für alle Verordnungen nur Privatrezepte ausgehändigt mit dem Vermerk „mangels Krankenschein". Das ist nach unserer Erfahrung die beste Methode, um fehlende Krankenscheine möglichst schnell und vollzählig zu erhalten.

Die Folge: Oft melden sich diese Patienten schon in einer Stunde wieder und lassen sich das Privat-Rezept gegen ein Kassen-Rezept austauschen. Sollten Sie sich ein Medikament in der Apotheke gekauft haben, bekommen sie bei Vorlage des vorher benutzten Privat-Rezeptes und Abgabe des nunmehr gültigen Kassen-Rezeptes den verausgabten Betrag anstandslos zurück. So handhaben wir es auch mit Brillenverordnungen.

5

von Dr. Albrecht Pitzken, praktischer Arzt, Köln

Das Problem: Fehlender Krankenschein.

Der Tip: Um Porto zu sparen und das lästige Erinnern an vergessene Krankenscheine zu umgehen, gehe ich folgendermaßen vor: Erscheinen die Patienten das erste Mal im Quartal ohne Krankenschein, erhalten sie gleich eine Mahnkarte in die Hand gedrückt, denn meistens werden die Krankenscheine vergessen, weil die Patienten kein „Memo" bei sich tragen.

6

von Dr. Eberhard Horn, Arzt für Hals-Nasen-Ohren-Krankheiten, Stimm- und Sprachstörungen, Lübeck

Das Problem: Fehlender Krankenschein.

Der Tip: Ein fehlender Krankenschein wird nicht beim Patienten angemahnt, sondern gegen Quartalsende bei der jeweiligen Krankenkasse. Der Patient bestätigt beim ersten Aufsuchen der Praxis lediglich die Mitgliedschaft bei der Krankenkasse und erhält eine vorgedruckte Erinnerung an den fehlenden Kranken-/Überweisungsschein ausgehändigt.
Bringt der Patient im Laufe der weiteren Behandlungen nicht von selber den Krankenschein, stellen die jeweiligen Krankenkassen gesammelt die fehlenden Scheine aus, wenn ich die Bestätigung des Patienten einreiche.

Die Vorteile: 1. Kein Ärger mehr mit den Patienten. 2. Kein Ärger mit Ärzten, die den Originalschein besitzen und gerade auf Urlaub sind. 3. Konzentration der Verwaltungsarbeit auf einige wenige Briefe, da die Anforderungen gesammelt an die Krankenkasse geschickt werden. 4. Erhebliche Portoersparnis sowohl in der eigenen Praxis als auch bei denjenigen Ärzten, die auf Bitten der Patienten dann Überweisungsscheine nachsenden müssen.

Blutdruckmessen: Ärmel nicht hochkrempeln

von Dr. Karsten Ruprecht, Arzt, Leonberg/Stuttgart

Das Problem: Zum Blutdruckmessen schieben die Patienten oft ihre Kleidung am Oberarm hoch, so daß ein großer Faltenwurf entsteht. Wenn keine andere Untersuchung vorgenommen werden muß, verstreicht unnötig Zeit.

Der Tip: Es ist besser, wenn man bei Eile die Messung so vornimmt, daß man die Manschette um die glatte Kleidung legt, sofern sie nicht zu dick ist und den Oberarmdurchmesser nicht wesentlich erweitert.

Die Folge: Korrektere Meßwerte als bei hochgekrempelten Ärmeln. Zeitersparnis.

Schneller Blutdruck messen

von Medizinalrat Dr. Otto Hauswirth, Facharzt für physikalische Medizin, Wien

Das Problem: Beim Blutdruckmessen ist das Hemdausziehen oft umständlich.

Der Tip: Man geht mit dem Stethoskop-Kopf durch den beim Manschettenknopf beginnenden Ärmelschlitz ein.

Die Folge: Zeit gespart.

Sehr leise Korotkoffsche Geräusche . . .

von Friedhelm Demuth, Assistenzarzt am Kreiskrankenhaus Maria-Hilf, Brilon

Das Problem: Sehr leise und nicht sicher zu beurteilende Korotkoffsche Geräusche bei der Blutdruckmessung nach Riva-Rocci etwa beim Patienten im Schock.

Der Tip: Vor dem Ausweichen auf die Palpationsmethode hat sich mir folgendes Vorgehen bewährt: Fixation des Stethoskopkopfes an typischer Stelle über der A. cubitalis mit Hilfe einer locker übergelegten Staubinde.

Die Folge: Fehlen des bei manuellem Andrücken der Membrane unvermeidlichen Grundrauschens. In der Mehrzahl der Fälle damit zweifelsfreie Bestimmung sowohl des systolischen als auch des diastolischen Blutdruckes.

Blutdruckmessen trotz Straßenlärm

von Jürgen Spahn, Arzt, Wiesbaden

Das Problem: Lärm auf der Straße oder Altersschwerhörigkeit des Untersuchers drücken bei der Korotkoff-Methode den aktuellen systolischen Blutdruck, da der sehr leise erste Ton leicht überhört wird.

Der Tip: Bei Benutzen der üblichen Blutdruckmanschette mit Manometer achte ich zusätzlich zum Hörbarwerden des ersten Tons auf die Nadel des Manometers. Wenn man die Luft langsam genug entweichen läßt, ist beim Erreichen des systolischen Drucks ein Ausschlag der Nadel festzustellen.

Die Folge: Erhöhte Meßgenauigkeit!

Auskultation bei Verkehrslärm

von Dr. Ulrich Hoegg, Arzt für Arbeitsmedizin, München

Das Problem: Zur Auskultation von Herz, Lunge und Arterien benötigt man ruhige Untersuchungsräume. Die VDI-Richtlinie 2081 sieht 35 Dezibel (leises Blätterrauschen) als Obergrenze für derartige Räume vor. Sofern keine spezielle Lärmisolierung der Türen, Fenster und Installationen vorliegt, wird die Auskultation u.a. durch Straßengeräusche, Vorzimmergespräche und Wasserleitungsgeräusche gestört.

Der Tip: Benutzung eines der neuen handlichen Verstärker-Stethoskope.

Die Folge: Auskultatorische Veränderungen können frühzeitig und vollständig erfaßt werden.

Hörfehler beim Blutdruckmessen

von Dr. Georg R. Constam, Spezialarzt für innere Medizin FMH, Zürich

Das Problem: Hörfehler beim Blutdruckmessen verhindern u. U. die Erkennung einer Hypertonie.

Der Tip: Um diesem vorzubeugen, empfiehlt es sich, während des Aufblasens der Blutdruckmanschette den Radialispuls zu palpieren und erst wenn dieser verschwindet, mit der Auskultation in der Ellenbeuge zu beginnen.

Die Folge: Erleichterung der Diagnostik.

Arztplakette an die Sonnenblende

von Dr. Reinhard Bischoff, Facharzt für innere Krankheiten, Wiesbaden

Das Problem: Die Arztplakette an der Windschutzscheibe sollte nur erkennbar sein, wenn der Arzt wirklich im Dienst fährt bzw. parkt. Bei Privatfahrten oder wenn andere den Wagen fahren, kann es bei dauerhafter Anbringung lästig oder nachteilig sein.

Der Tip: Ich klebe die Plakette an die Sonnenblende vor dem Beifahrersitz. Bei dienstlichen Fahrten klappe ich die Sonnenblende herunter, ansonsten ist sie von außen unsichtbar.

Die Folge: Die Arztplakette wird nur sichtbar, wenn es unbedingt erforderlich ist.

Das kann man zur Patientenkarte legen

von Dr. Günter Neumeyer, prakt. Arzt, Hamburg

Das Problem: Beim Lesen der MEDICAL TRIBUNE fällt ein Artikel auf. Er paßt exakt zu einem Fall, der in der Praxis behandelt wird.

Der Tip: Sofort ausschneiden oder kopieren lassen und in die Patientenkarte einlegen.

Die Folge: Beim nächsten Gespräch mit dem Patienten ist die volle Erinnerung wieder da. Patienten freuen sich, wenn man an Sie auch außerhalb der Sprechstunde denkt. Durch diese diagnostischen und/oder therapeutischen „Einlagen“ kann man sich gute Gedächtnisstützen aufbauen.

Wohin mit den »Lesefrüchten«?

von Dr. Peter Hildebrandt, Arzt für Allgemeinmedizin, Edemissen

Das Problem: Bei der beruflichen Fortbildungslektüre fallen viele Einzelblätter an, für die eine praxisbezogene Ordnungsmöglichkeit benötigt wird.

Der Tip: Benummern und ordnen Sie die Blätter nach der bis 1974 von unseren gesetzlichen Krankenkassen verwendeten zweistelligen „Deutschen Systematik der Krankheiten, Gesundheitsschädigungen und Todesursachen für die Statistik der Sozialen Krankenversicherung" (sie paßt auf eine Seite DIN A 4!) oder nach der dreistelligen internationalen Klassifikation (ICD 1968). Zur Aufbewahrung der Blätter eignen sich unter anderem Klemm-Mappen und Ringbücher mit „Prospekthüllen".

Die Folge: Ordnung in Ihrer ärztlichen Einzelblattsammlung.

Brille vergessen? Macht nichts . . .

von Dr. Siegfried E. Scheeff, Facharzt für Chirurgie, Bad Bertrich

Das Problem: Man sollte dringend etwas lesen und hat die Brille nicht zur Hand.

Der Tip: Es ist bekannt, daß Kurzsichtige beim Blick durch eine kleine Öffnung infolge ausschließlichen Passierens der Zentralstrahlen für den kleinen Bildausschnitt über normale Sehschärfe verfügen. Daß dies auch für Alterssichtige zutrifft, konnte ich kürzlich mehr oder weniger zufällig feststellen.

Die Folge: Keine Aufregung, wenn man dringend z.B. eine Fernsprechnummer aus dem Telefonbuch benötigt und die Brille nicht zur Hand hat! Einfach durch eine kleine Öffnung in einem Stückchen Papier oder durch den ringförmig vor dem Auge gekrümmten Zeigefinger blicken!

Sehnenscheidenentzündung: Diagnose mit Stethoskop

von Dr. I.W. Stoddart, England

Das Problem: Es besteht der dringende Verdacht einer Tendosynovitis, aber man fühlt keine Krepitation.

Der Tip: Hört man mit dem Stethoskop die schmerzhafte Sehnenbewegung ab, beeindruckt das laute Reibegeräusch.

Die Folge: Die Diagnose kann früher gestellt und entsprechend vor dem Abklingen von vorzeitiger sportlicher Aktivität abgeraten werden.

Lungenfunktion beurteilen

von Dr. Wilde, VS-Schwenningen

Das Problem: Wie erkenne ich eine versteckte obstruktive Ventilationsstörung?

Der Tip: Ich lasse eine Kerze auf die Entfernung Körpergröße – Alter : 2 ausblasen.

Die Folge: Kann sie nicht zum Verlöschen gebracht werden, ist der Verdacht auf eine Obstruktion vorhanden und zum Zwecke gezielter Therapie eine Nachmessung mit einem Pneumometer zweckmäßig.

Fragliche Peritonitis

von Dr. Georg Jagusch, Internist, Boppard

Das Problem: Fragliche Peritonitis.

Der Tip: Eine Peritonitis ist dann sehr wahrscheinlich, wenn leichtes Trommeln mit den Fingerkuppen auf den Bauchdecken Schmerzen auslöst. Mit dieser Methode läßt sich oft auch die Lokalisation der Peritonitis und deren Ausdehnung bestimmen.

Die Folge: Erleichterte Diagnostik.

Leberpalpation leichter

von OA Dr. Franz Stiploschek, Sonderheilanstalt f. interne Rehabilitation, Bad Gleichenberg

Das Problem: Die Leberpalpation bei Patienten, die die Bauchdecken aktiv spannen.

Der Tip: Der Untersucher stellt sich hinter den auf einem Hocker sitzenden und leicht gebeugten Patienten. Beide Hände flach an den Rippenbogen rechts und links (von rückwärts kommend) aufgelegt; die Finger der rechten Hand drücken tastend während tiefer Inspiration von kaudal nach kranial.

Die Folge: Hepar ist so leichter beurteilbar. Auch gelingt die Palpation einer pathologischen Gallenblase.

Rektaluntersuchung schmerz- und krampflos

von Dr. Karl-Heinz Gebhardt, Facharzt für innere Krankheiten, Homöopathie, Karlsruhe

Das Problem: Viele Patienten verkrampfen sich bei der rektalen Untersuchung, die dann leicht schmerzhaft wird.

Der Tip: Es empfiehlt sich, die Analgegend mit dem eingefetteten Finger von hinten nach vorn mehrmals zu bestreichen. Dabei fordert man den Patienten auf, wie zum Stuhlgang leicht zu pressen.

Die Folge: Auf diese Weise öffnet sich der Sphinkter stets willig und die Untersuchung ist regelmäßig schmerzlos.

Palpation bei gespannter Bauchdecke

von Dr. Walter Amann, Bogen/Ndby.

Das Problem: Manche Patienten spannen bei der Palpation des Bauches aus Ängstlichkeit die Bauchdecken an, so daß eine Palpation nur schwer oder überhaupt nicht möglich ist.

Der Tip: Lassen Sie den Patienten zuerst tief einatmen, dann ganz ausatmen. Beim Ausatmen wird die Bauchdecke locker. In diesem Augenblick muß mit der Palpation begonnen werden.

Die Folge: Eine Palpation wird möglich, da die meisten Patienten die Bauchdecke nicht mehr anspannen, wenn sie sehen, daß die Palpation eine harmlose Angelegenheit ist. Oft wollen sie sich der Palpation ja gar nicht widersetzen; nur bringen sie es nicht fertig, anfangs die Bauchdecke spontan locker zu lassen.

Gespannte Bauchdecke? Warmes Wasser

von Dr. Detlef Schumacher, Facharzt für innere Krankheiten, Offenburg

Das Problem: Manchmal gelangt man bei der Palpation des Abdomens zu keinem klaren Urteil, weil der Patient die Bauchmuskeln nicht entspannt.

Der Tip: Den Patienten in ein warmes Bad legen.

Die Folge: Die Bauchdecken werden schlaffer, die Bauchorgane werden der Palpation zugänglicher.

Hodenschwellung: Was steckt dahinter?

von Dr. Dagmar Berg, Fachärztin für Chirurgie, Ulm

Das Problem: Wie bei Hodenschwellung und Schmerzen eine Hodentorsion mit Sicherheit zu diagnostizieren ist.

Der Tip: Mit der Ultraschall-Doppler-Sonde die Gefäßgeräusche abhören.

Die Folge: Bei vorhandenen Gefäßgeräuschen kann eine Hodentorsion ausgeschlossen werden, bei nichtvorhandenen Geräuschen sollte eine operative Freilegung des Hodens erfolgen.

Hepatitis oder Malaria?

von Dr. Jürgen Stephan, Arzt für Allgemeinmedizin FMH, CH-Suhr

Das Problem: Ein 23jähriger Patient wurde aus dem Militärdienst mit der Diagnose Hepatitis entlassen. Die Fieberschübe paßten nicht ganz dazu. Es stellte sich heraus, daß der Patient vor ca. 1/2 Jahr in Afrika war. Die weitere Abklärung ergab eine Malaria.

Der Tip: Bei einem unklaren Ikterus auch an Malaria denken!

Die Folge: Es ergeben sich ganz andere therapeutische Konsequenzen.

Untersuchung der Nierenlager

von Dr. Erwin Lenz, Arzt am Gesundheitsamt Villingen-Schw., Brigachtal

Das Problem: Prüfung der Nierenlager auf Klopfschmerzhaftigkeit.

Der Tip: Ich lege zunächst die Hand auf die Haut im Bereich der Nierenlager und klopfe erst dann mit langsam steigender Intensität.

Die Folge: Der Patient zuckt nicht vor Schreck zusammen, sondern nur, wenn er Schmerzen hat.

Paranoide Frau überlistet

von Dr. Anton Gneisz, Praktischer Arzt, Bad Vöslau

Das Problem: Eine wiederholt hospitalisierte paranoide Frau weigert sich, die vom Spital verordneten Neuroleptika zu nehmen, weil sie nicht „narrisch" sei.

Der Tip: Sie war bereit zur Behandlung ihrer Hypertonie 3 x 0,25 mg Reserpin zu nehmen.

Die Folge: Die Patientin war lange Zeit ruhig und angepaßt.

Hautlinie erhärtet Meningitisverdacht

von Herrn Heinrich Palm, M.A., Städt. Krankenanstalten Remscheid

Das Problem: Meningitisdiagnose, besonders einer anbehandelten, wenn andere Zeichen fehlen (Kernig, Brudzinski ...).

Der Tip: Mit dem Fingernagel oder dem spitzen Ende des Reflexhammers eine etwa 10-15 cm lange Linie auf der Haut machen.

Die Folge: Diese Linie färbt sich tiefrot und ist beidseits von zwei weißen Linien scharf begrenzt. Sicheres Zeichen einer Meningitis, wenn es erst nach längerer Zeit erscheint (20 Minuten) und über längere Zeit bestehen bleibt (1/2-1 Stunde)!

Anmerkung der Redaktion:
Auf Anfrage teilte uns Herr Palm zu seinem Tip die folgenden Literaturstellen mit:

- 1. Dictionnaire des termes techniques de médicine, Garnier et Delamare Librairie Maloine S.A. Editeur Paris. Seite 972.
- 2. Enseignement sectorisé de la Neurologie par les Professeurs A. Denymaker, G. Lyon, E.Cl. Loterre, G. Stroobandt, Ch. De Muylder by Fonteyn Medical Books/Louvain, Belgium 1976. Seite 56.

Reflexprüfung: Zuerst den Patienten entkrampfen

von Dr. Walter Amann, Bogen/Ndby.

Das Problem: Man möchte den Patellarsehnenreflex prüfen. Der Patient bringt es aber nicht fertig, spontan das Bein locker zu lassen.

Der Tip: Lassen Sie den Patienten sitzen, ein Bein über das andere schlagen. Wenn das Bein angespannt und der PSR nicht auslösbar ist, stellen Sie dem Patienten unvermittelt eine Frage, auf die er sich konzentrieren muß (auch nichtmedizinischer Art).

Die Folge: Während sich der Patient auf die Antwort konzentriert – wobei der Untersucher seine Aufmerksamkeit dieser Antwort widmet – kann man unvermittelt den PSR auszulösen versuchen. Bei der Beantwortung der Frage zieht der Patient oft die Aufmerksamkeit von der PSR-Prüfung ab und entspannt dabei das Bein. Der vorher nicht auslösbare PSR wird auf diese Weise oft auslösbar.

Kein Achillessehnenreflex

von Dr. E. Moll, Gillingham/England

Das Problem: Der Achillessehnenreflex ist schwer auslösbar.

Der Tip: Lassen Sie den Patienten in bequemer Haltung auf einem Stuhl knien und sich locker mit den Händen an der Stuhllehne festhalten. Fordern Sie ihn dann auf, die Zunge so weit wie möglich herauszustrecken.

Die Folge: Es klappt – oder auch nicht. Im letzteren Fall ist der ASR definitiv nicht auslösbar.

Sensibilitätsprüfung mittels Nährädchen

von cand.med. Rolf Schultheiß, Siegen

Das Problem: Sensibilitätsprüfung bei der neurologischen Untersuchung.

Der Tip: Statt der üblichen Sicherheitsnadel ein Nährädchen verwenden, das ausreichend spitz sein soll.
Vorteile: Man kann größere Areale schneller prüfen, der Reiz ist gleichmäßiger als bei einzeln applizierten Nadelstichen, das Nährädchen ist billiger und sehr viel kleiner und leichter als die in der Neurologie sonst üblichen Nadelräder und kann daher immer im Kittel bequem mitgenommen werden.
PS: Nährädchen werden zum „Durchpausen" von Schnittmustern auf Papierbögen verwendet und kosten nur ca. 1,– DM.

So wurden Simulanten entlarvt

1

von Dr. Hans-Joachim Giebel, München

Das Problem: Werden Ischialgien vorgetäuscht? Bei der Auslösung des „Lassegue" wird manchmal, aus welchen Gründen auch immer, ein starker Schmerz angegeben.

Der Tip: Um im Zweifelsfall sicherzugehen, wende ich den fast in Vergessenheit geratenen „Bragard" an: Das Bein wird im Hüftgelenk so weit gebeugt und das Kniegelenk gestreckt, wie es in der Stellung gerade noch als schmerzfrei angegeben wird. Bei plötzlichem Druck gegen den Vorderfuß, auch unter einer ablenkenden Frage, tritt eine weitere Dehnung des Ischiasnervs ein.

Die Folge: Nur bei Simulation bleibt die Dehnung schmerzfrei.

✉ Dazu gab es Kritik: Anhang, 1 / Seite 229

2

von Dr. Erich Wahl, Facharzt für Chirurgie und Arbeitsmedizin, Berlin

Das Problem: Nachweis der freien Beugefähigkeit der Langfinger trotz vom Patienten demonstrierter Unmöglichkeit, diese Finger beugen zu können.

Der Tip: Halten Sie den zugehörigen Unterarm mit Ihrer linken Hand fest und beugen mit Ihrer rechten Hand die in Streckstellung verkrampft gehaltenen Langfinger, indem Sie gleichzeitig mit Ihrer rechten Hand Beuge-/Streckbewegungen im Handgelenk des Patienten ausführen.

Die Folge: Schon nach 2-3 Beuge-/Streckbewegungen wird es dem Patienten unmöglich sein, die bewußte Streckstellung seiner Langfinger aufrechtzuerhalten.

3

von Dr. R. Barabasch, Muggensturm

Das Problem: Ein Patient klagt über „fürchterliche Kreuzschmerzen", und obwohl eine massive Schonhaltung dargeboten wird, läßt sich objektiv wenig Pathologisches nachweisen.

Der Tip: Lassen Sie aus Versehen den Kugelschreiber oder dergleichen zu Boden fallen. Wenn der Patient aus lauter Höflichkeit sich rasch mühelos bückt, um mit anständiger Geste beim Aufheben behilflich zu sein, kann man davon ausgehen, daß die Lumbago zumindest aggraviert ist.

Die Folge: Hilfe bei der Diagnostik und Beurteilung (z.B. Arbeitsunfähigkeitsdauer).

4

von Dr. Benno Zurgilgen, Arzt für allgemeine Medizin FMH, Zürich

Das Problem: Der Patient kann keine Bewegung mehr in seinem Schultergelenk machen. Irgendwie hat man den Verdacht der Simulation.

Der Tip: Ich stehe neben dem stehenden Patienten und halte seine Hand, frage, um abzulenken, ob es ihm auch im Rücken schmerze. Dann bitte ich ihn, langsam in die Hockstellung zu gehen, während ich ihn weiter an der Hand mit gestrecktem Arm halte.

Die Folge: Bei Simulation gibt der Patient keine Schmerzen an, sobald er beginnt, in die Hocke zu gehen, obwohl der gestreckte Arm langsam in die Horizontale geht, andernfalls wird er sofort Schmerz angeben und mit der Hockbewegung stoppen.

Rechts- oder Linkshänder?

von Dr. E. Bonnet, Facharzt für Kinderheilkunde, Reutlingen

Das Problem: Frage: Rechts- oder Linkshänder? (Besonders bei der Einschulung.)

Der Tip: Mit beiden Händen gleichzeitig auf einem großen Bogen Papier Kreise aufzeichnen lassen.

Die Folge: Die schöneren Kreise zeigen die führende Hand an. (Vorsicht bei einseitiger mCP.)

Keuchhusten: Der Telefontrick

von Dr. H. Eickschen, Facharzt für Kinderkrankheiten, Mönchengladbach

Das Problem: In der Praxis gibt es wieder mehr Keuchhustenfälle (weil kaum noch geimpft wird). Oft gelingt es nicht, einen für die Diagnose so wichtigen typischen Anfall während der Sprechstunde auszulösen.

Der Tip: Die Eltern sollen ein Bandgerät startbereit halten, eine der nächtlichen Hustenattacken aufnehmen und am nächsten Morgen per Telefon vorspielen.

Die Folge: Diagnosestellung erleichtert.

Magenperforation sicher erkannt

von Dr. W. Deubzer, Chefarzt der chirurgischen Abteilung, Kreiskrankenhaus Füssen

Das Problem: Fehlende oder fragliche subphrenische Luftsichel bei Abdomenübersichtsaufnahme im Stehen wegen dringenden Verdachts auf Magenperforation durch Ulkus.

Der Tip: Einführen einer transnasalen Magensonde. Linksseitenlage des Patienten. Eingeben von 300-500 ml Luft mittels großer Spritze (Blasen- oder Ernährungsspritze). Nach einigen Minuten erneut Abdomenübersichtsaufnahme im Stehen.

Die Folge: Bei frei perforiertem Ulkus jetzt nicht zu übersehende subphrenische Luftsicheln.

Magen perforiert
Mit tiefer Stimme »99« brummen

von Dr. Wolfgang Boecker, Facharzt für innere Medizin, Chefarzt der Klinik für gastroenterologische Krankheiten am Frauenberg, Bad Mergentheim

Das Problem: Kollege Deubzer empfiehlt bei Verdacht auf Magenperforation zusätzlich Luft in den Magen einzuführen, um dann röntgenologisch die subphrenische Luftsichel besser vor dem Röntgenapparat sehen zu können. Hierzu benötigt man aber einen Röntgenapparat, der in der freien Praxis meist nicht vorhanden ist.

Der Tip: Carbonzini beschrieb erstmalig 1943 das Symptom des Stimmfremitus am Abdomen als sicheres Zeichen eines spontanen oder künstlichen Pneumoperitoneum. Kommt es nämlich zu einer größeren Luftansammlung im freien Abdomen, so spürt die palpierende Hand bei bestimmter Stimmlage über der Luftansammlung ein deutliches Schwingen, das oft stärker ist als bei der gleichen Untersuchung am Thorax.
Wir haben den abdominalen Stimmfremitus mit Handauflegen auf das Abdomen nach Lufteinblasung bei 125 Patienten anläßlich einer Laparoskopie geprüft und konnten die Angaben von Carbonzini bestätigen. Lediglich bei Frauen mit hoher Stimmlage und Jugendlichen gelang dies nicht.

Die Folge: Bei einem frei perforierten Ulkus gelingt es bei Patienten mit tiefer Stimmlage lediglich durch Prüfung des Stimmfremitus ohne Röntgenapparat Luft im freien Bauchraum nachzuweisen. Wir benutzten dieses wenig bekannte Zeichen zur Sicherung, ob die Nadel bei der Anlage des Baupneu auch richtig lag.

Testes deszendiert oder nicht?

von Dr. Edwin Grob-Dal Pan, Spezialarzt FMH für allgemeine Medizin, CH-Wil

Das Problem: Sind die Testes deszendiert oder nicht?

Der Tip: Wenn sie im Liegen nicht ausstreifbar sind, untersuche man den Patienten in tiefer Hockstellung.

Die Folge: Diagnostik erleichtert.

Unklare chronische Beinschwellung

von Univ.-Dozent für Phlebologie Dr. Robert May, Facharzt für Chirurgie F.I.C.A., Innsbruck

Das Problem: Unklare chronische Beinschwellung, lymphatische oder postthrombotische Schwellung?

Der Tip: Fälteln Sie mit 2 Fingern die Haut an der Dorsalseite der Zehen. Bei postthrombotischer Schwellung läßt sich die Zehenhaut fein fälteln. Bei lymphatischer Schwellung teigige Konsistenz, keine Falten zu erzielen. Den Trick habe ich von Stemmer, Straßburg, gelernt.

Die Folge: Bestätigung der Vermutungsdiagnose durch Lymphographie oder Phlebographie. Auf jeden Fall aber erspart man sich eine der beiden aufwendigen Untersuchungen.

Tiefliegende Unterschenkelthrombose

von Dr. G. Giessen, Arzt für Allgemeinmedizin,
Pirmasens-Fehrbach

Das Problem: Sie sind nicht sicher, ob im Bereich der Wade sich eine tiefliegende Thrombose abspielt.

Der Tip: Legen Sie die Blutdruckmanschette erst im Bereich der linken, dann der rechten Wade an und pumpen Sie solange auf, bis ein deutlicher Schmerz angegeben wird. Vergleichen Sie die Werte zwischen rechts und links.

Die Folge: Deutlich niedrigere Werte und Schmerzangabe im Bereich des erkrankten Unterschenkels gegenüber dem gesunden Unterschenkel. Tiefliegende Thrombose sehr wahrscheinlich.

✉ Dazu gab es Kritik: Anhang, 2, 3, 4 / Seite 230 - 232

Beckenthrombosen schnell erkannt

von Dr. Robert May, Univ.-Dozent für Phlebologie,
Facharzt für Chirurgie F.I.C.A., Innsbruck

Das Problem: Beginnende Beckenthrombose?

Der Tip: Lassen Sie den Patienten mit entblößten Beinen sich vors Bett stellen. An der erkrankten Seite, besonders am Oberschenkel, leichte livide Verfärbung der Haut. „Blaustich". Achtung: zwei Drittel aller Beckenvenenthrombosen sind links!

Die Folge: Die anschließende Phlebographie wird die Diagnose bestätigen und den so wichtigen frühzeitigen Einsatz von Fibrinolytika oder die Thrombektomie ermöglichen.

Ist das eine Appendizitis?

1

von Dr. Eckart Schierwagen, Düsseldorf

Das Problem: Untersuchung bei Appendizitisverdacht.

Der Tip: Vor 20 Jahren erhielt ich während eines Kongresses den mahnenden Ratschlag eines älteren, erfahrenen Kollegen, als wichtigste Untersuchung die direkte, federnde Perkussion des Bauchraumes mit den Spitzen der drei mittleren Finger einer Hand nicht zu vergessen.

Die Folge: Bei Vorliegen einer Entzündung kommt es in der Appendixgegend zu einem Erschütterungsschmerz, der z.B. bei einer Plessimeterperkussion (Finger als Plessimeter) nicht auftritt. Nach meiner Erfahrung die sicherste und zugleich einfachste aller körperlichen Untersuchungsmethoden mit hoher Erfolgsquote.

2

von Med.-Rat Dr. Harald Surgo, Spittal/Drau

Das Problem: Diagnostik einer fraglichen Appendizitis.

Der Tip: Ich untersuche den Patienten entweder am Bettrand oder auf einem Sessel sitzend ganz nach vorn eingerollt, von rückwärts den nun weichen Bauch mit beiden Händen austastend. Dabei kann man die Schmerzursache fast immer deutlich feststellen. War z.B. beim liegenden Patienten oft der Oberbauch druckempfindlich, konnte ich bei obiger Untersuchungsmethode den McBurney-Punkt schmerzhaft feststellen. Auch läßt sich eine akute oder chronische Cholezystitis von einer akuten Hepatitis unterscheiden.

Die Folge: Sichere Festellung einer Appendizitis! Drei von mir mittels angegebener Methode festgestellte Appendizitisfälle perforierten im Krankenhaus, weil man meiner Diagnose nicht glaubte, einige Fälle wanderten auf gynäkologische Abteilungen, wo dann meine Diagnose neben einem gynäkologischen Befund bestätigt wurde.

3

von Dr. Hans Karl Wollny, Neumünster

Das Problem: Appendizitisverdacht! Die Beschwerden: Leibschmerz, Übelkeit, Temperatur. Die Untersuchung: Pulsfrequenz, rektale Temperatur, vorsichtige Palpation, MacBurney-Punkt, defense.

Der Tip: Anschließend folgender Versuch bei liegendem Patienten nach vorausgegangener Information, evtl. Demonstration: Leib maximal vorwölben (wie graviditas), danach ruckartig einziehen (wie Kahnbauch). Löst bereits das Vordrängen des Leibes, insbesondere aber der Ruck zum Kahnbauch hin einen heftigen Schmerz aus, so ist die Diagnose Appendizitis fast sicher und die Krankenhausbehandlung angezeigt.
Ich habe Müttern und Kindern diese Methode auch dann erklärt, wenn sie sich mit Magen- oder Darmspasmen bei mir vorstellten, und ihnen geraten, bei positivem Verlauf dieses Versuches unbedingt einen Arzt aufzusuchen.

Die Folge: Mein Rat wurde brav befolgt, das Ergebnis war erfreulich.

4

von Dr. Scheeff, Ellingen i. Bayern

Das Problem: Sicherung der Diagnose Appendizitis.

Tip 1: Folgende Methode wende ich seit Jahr und Tag mit gutem Erfolg an: Provokation des Niesreflexes durch Kitzeln der Nasenschleimhaut mittels Wattebausch. Im positiven Falle hat dies eine Schmerzsteigerung zur Folge.

Tip 2: Stets nach evtl. Kopfschmerzen fragen, denn die Appendizitis macht nie Kopfschmerzen, stets sind solche jedoch bei entsprechenden infektiösen Prozessen vorhanden, wozu auch Typhus und Paratyphus gehören.

Die Folge: Weitgehende Beseitigung differentialdiagnostischer Unsicherheit hinsichtlich der Diagnose Appendizitis.

5

von Dr. Jürg Stephan, Arzt für Allgemeine Medizin FMH, CH-Suhr

Das Problem: Ich habe mehrmals ein Auftreten einer akuten Appendizitis während einer enteritischen Episode mit Durchfällen beobachten können, einen Fall sogar mit Perforation. Das klinische Bild ist immer verschleiert.

Der Tip: Bei entsprechender Symptomatik denke man trotz einer Enteritis an die Möglichkeit einer Appendizitis.

Die Folge: Dem Arzt und dem Patienten bleiben unangenehme Folgen erspart.

6

von Dr. R. Kübler, Arzt für Allgemeinmedizin, Wilhelmsdorf

Das Problem: Patienten mit unklaren Bauchbeschwerden.

Der Tip: Um mir die Entscheidung, ob eine Appendizitis vorliegt, zu erleichtern, lasse ich die Kinder oder jugendlichen Patienten im Bett aufstehen oder auf einem Stuhl stehen. Während ich den Kranken an den Händen halte, muß er dann mit geschlossenen Füßen auf den Boden hüpfen. Tritt dabei ein akuter Schmerz in der Appendixgegend auf, überweise ich den Patienten ins Krankenhaus.

Die Folge: Dieser Test war für mich oft entscheidend, und die Diagnose Appendizitis wurde vom Chirurgen in der Regel bestätigt.

7

von Dr. Peter Mohr, prakt. Arzt, Hilders

Das Problem: Sie sind sich nicht sicher, ob eine kindliche Leukozytose von beispielsweise 9000 Leukozyten den bestehenden „Blinddarmverdacht" erhärtet.

Der Tip: Lassen Sie von Ihrer Assistentin grundsätzlich nicht nur die Leukozytenzahl bestimmen, sondern bei mittlerer Vergrößerung im Mikroskop gleichzeitig den Prozentsatz der vorhandenen Granulozyten angeben.

Die Folge: Eine Leukozytose mit 90 % Granulozyten verstärkt den Verdacht auf Blinddarmentzündung, während eine Leukozytose von 9000 bei nur 20 % Granulozyten meist anders gedeutet werden kann.

Das hilft auch bei Diagnostik und Therapie

Ich leihe es aus

von Dr. H.U. Schmähling jun., Allgemeinarzt, Brendlorenzen

Das Problem: Abklärung der in der Allgemeinpraxis häufig situationsbedingten Hypertonie bzw. der sogenannten Grenzwerthypertonie.

Der Tip: Ich habe mir zu diesem Zweck ein Blutdruckgerät zur Selbstmessung angeschafft. Dieses Gerät wird in entsprechenden Fällen dem Patienten ausgeliehen und der Patient angewiesen, ca. 1 Woche lang morgens und abends den Blutdruck zu messen. Diese Werte liegen meist im Normbereich. (Ich wäre interessiert, ob andere Kollegen ähnliche Beobachtungen gemacht haben.)

Die Folge: Verbesserte Diagnostik!

Die 1. Pille halbieren

von Dr. Roman P. Müller, Spezialarzt FMH für Gynäkologie und Geburtshilfe, Zürich

Das Problem: Nausea zu Beginn der Ovulationshemmer-Einnahme.

Der Tip: Die erste Pille halbieren (z.B. mit scharfem Messer). 1. Hälfte einen Tag früher, 2. Hälfte am Tage des üblichen Einnahmebeginns einnehmen.

Die Folge: In der Regel keine initiale Nausea mehr.

Der Trick mit den Schlaftabletten

von Dr. Barbara Hehn, Ärztin für Allgemeinmedizin, Stuttgart-Sillenbuch

Das Problem: Schnellerer Wirkungseintritt von Schlaftabletten.

Der Tip: Die Tabletten (eventuell dann nur eine halbe Tablette erforderlich) mit 1/2 Tasse warmem Zuckerwasser nehmen lassen, damit der Magen zur Peristaltik angeregt wird.

Die Folge: Die Resorption erfolgt schneller.

Jogging – wer ist gefährdet?

von Dr. Otto Kuhnle, Facharzt für innere Krankheiten, Schwäb. Gmünd

Das Problem: Beim Ausdauersport (Langlauf oder Trimm-Trab) soll eine Überanstrengung der Läufer (Altersläufer, Rehabilitanden nach Herzinfarkt) vermieden werden. Das bedeutet, die Pulszahl soll nicht über 130 bis 150/Min. betragen. Der Übungsleiter oder Arzt ist auf die subjektiven Zählergebnisse der Mitläufer, die oft nicht stimmen, angewiesen.

Der Tip: In einer Laufpause tastet der Arzt bei einem Mitläufer den Puls und zwar an der Art. carotis comm., leicht neben dem Kehlkopf zu finden. Er zählt den Puls mit der Stoppuhr in 6 Sekunden, kommt z.B. auf die Zahl 13, das sind dann 130 Schläge pro Minute. Der Übungsleiter kann dann in etwa 30 Sekunden bei etwa 8 weiteren Mitläufern den Puls an der Art. carotis tasten: Er hat die Pulszahl von ca. 130/Min. von dem ersten Läufer sozusagen in den Fingern, und es genügt, 4 bis 5 Pulsschläge zu tasten, um feststellen zu können, ob bei einem Mitläufer der Puls über oder unter 130/Min. ist. Der Puls an der Art. carotis comm. ist nach Belastung schnell zu finden, sehr viel leichter als an der Art. radialis.

Die Folge: Während eines Langlaufes von ca. 30 bis 45 Minuten kann ein Übungsleiter den Trainingszustand einer Langlaufgruppe gut beurteilen. Gefährliche Überanstrengungen werden vermieden. Die Läufer können entsprechend ihres Trainingszustandes leichter eingruppiert werden.

Salbei gegen Hyperhidrosis

von Dr. Walther Seufert, Arzt für Allgemeinmedizin, Mannheim

Das Problem: Hyperhidrosis. Auch Patienten, die bereits alle gängigen Mittel mit und ohne Arzt versucht haben, sind nur äußerst selten einer Operation zugänglich.

Der Tip: Man verordne Salbei-Saft, 3 Wochen lang. Muß gelegentlich wiederholt werden.

Die Folge: Die Behandlung ist unschädlich, aber wirkungsvoll. Sehr gute Erfahrungen an zahlreichen Patienten bei allgemeiner und lokaler Hyperhidrosis, sogar bei Fußschweiß!

Schwimmen während der Laktationsphase

von Dr. Roman P. Müller, Spezialarzt FMH für Gynäkologie und Geburtshilfe, Zürich

Das Problem: Beim Schwimmen während der Laktationsphase kann durch Kontamination mit eventuell verschmutztem Badewasser eine bakterielle Mastitis auftreten.

Der Tip: Vor dem Schwimmengehen auf die Brustwarzen z.B. Bepanthen-Creme streichen, darauf ein Stück Klarsichtfolie legen, darüber das Badekleid anziehen.

Die Folge: Besserer Schutz vor bakterieller Mastitis.

Tägliche Trinkmenge kontrolliert

von cand. med. K.-H. Eisenmann, Gerlenhofen

Das Problem: Kontrolle der täglich zuzuführenden Flüssigkeitsmenge (Höchst- oder Mindestmenge).

Der Tip: Der Patient stellt sich leere Flaschen bereit, deren Inhalt der empfohlenen Trinkmenge entspricht. Diese werden täglich morgens mit Wasser gefüllt, und nach jeder Tasse Kaffee oder jedem Teller Suppe etc. wird die entsprechende Menge Wasser aus den Flaschen ausgegossen.

Die Folge: Der Patient hat eine relativ exakte Kontrolle der Flüssigkeitsmenge und eine ständige Übersicht, wieviel er an diesem Tag noch trinken darf bzw. muß.

Für Schwerhörige

von Dr. J.St. Charles, Lancaster/England

Das Problem: Sie wollen mit einem sehr schwerhörigen Patienten reden, ohne daß die Patienten im Wartezimmer das Gespräch „abhören".

Der Tip: Stecken Sie ihm die Oliven eines Stethoskops in die Ohren und sprechen Sie mit normaler Lautstärke gegen die Membran. Vergessen Sie dabei nicht, zu fragen, ob er nicht ein Hörgerät probieren möchte!

Die Folge: Zufriedene Patienten.

Salbe auftragen: Vom Bäcker gelernt

von Dr. Dr. med. Friedrich Wetzel, Arzt für Allgemeinmedizin, Krankenhausarzt, Pöttmes

Das Problem: Die Applikation von Salben ist besonders bei deren Aufbewahrung in Töpfen hygienisch sehr bedenklich. Die Salbe wird mit einem Spatel entnommen und unsicher abwägenden Seitenblicks nach dem Bestimmungsort auf das Verbandmaterial aufgetragen. In der Neuzeit haben sich zu den standhaften Salbentöpfen die ausdrucksvollen Tuben gesellt, die klein und groß den Verbandstisch bevölkern und ihm ein locker künstlerisches Atelier-Gepräge geben.

Der Tip: Mir hat sich die bekannte Garnierspritze oder Teigspritze des Haushalts als Salbenspritze bewährt. Für die Spritzenöffnung wird jener auswechselbare Aufsatz gewählt, aus dem die Salbe in der gerade zweckmäßigen Breite und Dicke (1 mal 12 mm) gepreßt wird, so daß ein nachträgliches Verstreichen überflüssig wird. Die Spritze soll unter Vermeidung von Hohlräumen gefüllt werden. Nach Gebrauch muß der Kolben etwas zurückgezogen werden, um die Salbe von der Tüllenöffnung zurückzusaugen. In der äußeren Umgebung der Tüllenöffnung etwa haftengebliebene Salbenreste sollen beseitigt werden. Die Salbenspritze wird entsprechend etikettiert und am zweckmäßigsten liegend und abgedeckt aufbewahrt.

Die Folge: Aus dieser Spritze kann die Salbe unmittelbar auf die Krankheitsstelle appliziert werden. Mehrere Salbenbänder lassen sich spielend nebeneinanderlegen, auch zirkuläre Auftragungen sind leicht möglich. Die in der täglichen Praxis so häufig infizierten Schürf-, Riß-,

Quetsch- und Schnittwunden, die Ulcera cruris und Ekzeme, die Furunkel und Panaritien, ja selbst großflächigere Brandwunden sind für die Salbenspritze ein vorzügliches Anwendungsgebiet. Der Allgemeinarzt wird etwa 3 Spritzen für die von ihm bevorzugten und am meisten gebrauchten Salben benötigen. Die Methode der Salbenspritze ist hygienischer, schneller, genauer, wirtschaftlicher und vor allem für den Patienten auch schonender als das übliche Verfahren.

Die rosa Pillen in der gelben Schachtel ...

von Dr. Heiko Krefter, Heilbronn

Das Problem: Z.B. internistische Station, Anamneseerhebung. Arzt: „Welche Tabletten nehmen Sie ein?" – Patient: „Die kleinen weißen, die großen gelben" ... oder gar keine Angabe.

Der Tip: Im Arztzimmer in einem Glaswechselrahmen die Hauptseiten der Schachteln der wichtigsten (und meist verordneten) Präparate nebeneinander aufhängen (z.B. Digitalispräparate oder Antihypertensiva oder Antidiabetika oder Schilddrüsenpräparate) und dem Patienten zeigen.

Die Folge: Die meisten Patienten erkennen an der Verpackung das von ihnen eingenommene Medikament und können nun präzise Angaben machen. Dies erspart Rückfragen und oft wichtige Zeit. Wie oft weiß man nicht, ob ein herzinsuffizienter Patient über- oder unterdigitalisiert ist und muß erst auf den Digoxinspiegel warten.

So identifiziere ich »kleine rosa Pillen«

von Dr. A.F. (Name und Anschrift der Redaktion bekannt)

Das Problem: Eine der Schwierigkeiten, denen sich ein nachtdiensttuender Arzt in einem, in meinem Fall psychiatrischen Krankenhaus gegenübersieht, ist, daß ein Patient, der sich aus akuten Gründen zu einer ambulanten Betreuung einfindet, die Namen der Medikamente nicht kennt, die er von einem anderen Arzt verordnet bekam. Meist kann der Patient nur beschreiben, wieviel er von einem gelben Pulver, einer kleinen rosa Pille oder einer weißen Kapsel täglich einnehmen muß.

Der Tip: Um die Identifikation des Medikamentes zu erleichtern und zu vermeiden, daß man akut irgendwelche mit jenem unverträgliche Pharmaka verabreicht, benütze ich ein Album wie es für Münzsammler im Handel ist, wo in Klarsichttäschchen eine beschriftete Sammlung der etwa 100 gebräuchlichsten Psychopharmaka nach den unbekannten Medikamenten absuchbar ist, wobei ich Kapseln, Tabletten und Dragées getrennt und nach Farben geordnet vorlege.

Die Folge: Meist dauert dann die Identifizierung nur wenige Minuten, und ich erspare mir Sorgen, wenn ich dem Patienten sagen kann, er soll z.B. von den rosa Kapseln, die er bisher nahm, statt bisher 2 Stück nun 3 nehmen, bis sein Arzt vom Urlaub zurück ist ...

Solchen Notfallpatienten kann schneller geholfen werden

von Dr. Wilfried Zimmermann, Kleinostheim/Main

Das Problem: Patienten, deren Erkrankung sich akut komplizieren kann, die also möglicherweise auch an Wochenenden, Feiertagen oder auf Reisen rasche ärztliche Hilfe benötigen, stellen eine besondere Risikogruppe dar.

Der Tip: Vor allem meinen Patienten mit koronarer Herzkrankheit, dekompensierter myokardialer Insuffizienz mit rezidivierendem Asthma cardiale oder Lungenödem, Asthma bronchiale, Stoffwechselleiden, chronischen Leber- oder Nierenerkrankungen, Anfallsleiden, Neigung zu tetaniformen Zuständen und psychovegetativen Syndromen stelle ich sogenannte Patientenausweise aus. In diesen Ausweisen, die ich mir nach meinen Vorstellungen habe drucken lassen, stehen die wesentliche Krankheitsdiagnose, die derzeitige medikamentöse Therapie sowie gegebenenfalls Angaben über Intoleranzen oder Risiken. Weiter können die Blutgruppe oder andere wichtige Dinge wie z.B. Telefonnummern oder Adressen von Angehörigen eingetragen werden.
Der Patient muß natürlich mit der Ausstellung einverstanden sein und wird gebeten, das Dokument stets griffbereit bei sich zu haben. Bei Gebrechlichen und Verwirrten bekommt die geeignete Pflegeperson den Ausweis zur Aufbewahrung.

Die Folge: Auf diese Weise kann sich z.B. der im Notdienst zu dem Patienten gerufene Kollege rasch über das Krankheitsbild orientieren und die notwendigen

Behandlungsmaßnahmen einleiten. Außer dem Patientenausweis habe ich im selben Format Allergiepässe herstellen lassen, um die immer größer werdende Anzahl allergischer Unverträglichkeiten, z.B. gegen Medikamente oder Kontaktstoffe, zum Schutz des Patienten besser dokumentieren zu können. Auch bereits durchgeführte Hyposensibilisierungsbehandlungen können vermerkt werden.

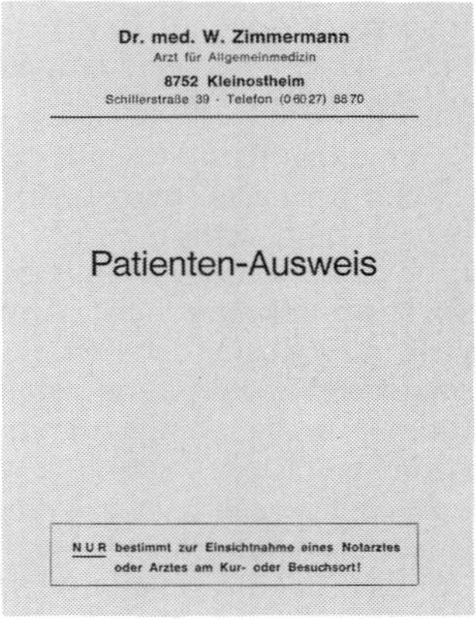
Dr. med. W. Zimmermann
Arzt für Allgemeinmedizin
8752 Kleinostheim
Schillerstraße 39 · Telefon (06027) 8870

Patienten-Ausweis

NUR bestimmt zur Einsichtnahme eines Notarztes oder Arztes am Kur- oder Besuchsort!

P.S. Obwohl die Kosten für die Herstellung der Ausweise für mich erschwinglich sind, könnte ein Großhersteller natürlich viel billiger liefern. Aber leider besteht bei den großen Formularverlagen kein Interesse, denn keiner führt derartige Vordrucke in seinem Programm, und eine entsprechende Anfrage und Anregung, die ich vor längerer Zeit an den Deutschen Ärzte-Verlag in Köln gerichtet habe, ist bis heute nicht einmal einer Antwort gewürdigt worden.

Bei Asthma nicht immer: Ab ins Krankenhaus

von Dr. E. Bonnet, Facharzt für Kinderheilkunde, Reutlingen

Das Problem: Schweres Asthma.

Der Tip: Bei einem schweren Asthma lege ich grundsätzlich eine Infusion an (250-500 ml): dazu verwende ich mein EKG-Sehtest-Hörtest-Zimmer. Sinn: Flüssigkeitszufuhr, problemlose i.-v.-Verabreichung der notwendigen Medikamente. Beobachtung des Patienten über einen Zeitraum von 1 bis 3 Stunden. Verabreichung anderer Medikamente (z.B. Dosier-Aerosol) oder Inhalation ist ohne Zeitdruck und Aufregung möglich.

Die Folge: Eine Krankenhauseinweisung kann bei diesem Vorgehen häufig umgangen werden.

Rückenschmerzen – Wo die Behandlung beginnen sollte

von Dr. F.W. Degenring sen., Arzt für Allgemeinmedizin, Hemsbach an der Bergstraße

Das Problem: Gelenkblockierungen, Myalgien, berufliche Haltungsschäden sind oft sehr therapieresistent, die Behandlung schmerzhaft.

Der Tip: Die erkrankte Gegend wird bei Behandlungsbeginn einige Male freigelassen von manueller Therapie, Massage, Gymnastik oder anderen örtlichen Anwendungen. Man beginnt mit Lockerung, Gymnastik und vor allem isometrischem Muskeltraining am „anderen Ende", also bei Erkrankungen im HWS-Bereich am Becken, bei LWS-Beschwerden am Atlas und nähert sich in 2 bis 3 Behandlungsstufen dem betroffenen Gebiet.

Die Folge: Der Behandlungsbeginn ist schmerzfrei, die Hauptbehandlung leichter durchführbar und der Patient wird rechtzeitig in die nötige Erhaltungstherapie des Muskelkorsetts eingeführt.

Pfefferminztee – Noxe für den Magen

von Dr. E. Wahl, Facharzt für Chirurgie, Berlin

Das Problem: Kinder, die – besonders im Sommer – über Magenschmerzen, ja Erbrechen klagen, werden oft von Eltern, Großeltern und Kollegen (selbstverst. nach Ausschluß eines akuten Abdomens) mit dem „alten Hausmittel" Pfefferminztee behandelt.
Erwachsene, die das Rauchen aufgegeben haben, überbrücken die ersten Wochen und Monate mit Pfefferminzkaugummis und Pfefferminztabletten: Sie wundern sich, daß sie für ihren Heroismus neben Gewichtszunahme auch noch erstmalig oder verstärkt mit Magenschmerzen belohnt werden ...

Der Tip: In beiden Fällen ist die Pfefferminze nur eine zusätzliche Noxe für die primär geschädigte Magenschleimhaut.

Die Folge: Das sofortige Absetzen jeglicher Pfefferminze bringt sofort ein Nachlassen oder Aufhören von Magenschmerzen: bei Kindern innerhalb 24 Stunden.

✉ Dazu gab es Kritik: Anhang, 5 / Seite 232

Wenn die Magensonde steckenbleibt

von Dr. F. Danke, Würzburg

Das Problem: Eine durch die Nase geschobene Magensonde kann im Bereich des Ösophaguseingangs steckenbleiben.

Der Tip: Kopfbeugung auf die Brust soweit wie möglich.

Die Folge: Die Sondierung gelingt besser.

Magensonde »runterspülen«

von Reinhard Jaki, Assistenzarzt, Anästhesieabteilung des Robert-Bosch-Krankenhaus, Stuttgart

Das Problem: Einführen einer Magensonde beim wachen Patienten.

Der Tip: Ich lasse den Patienten aufsitzen und einen Schluck Wasser in den Mund nehmen. Wenn die mit einem anästesierenden Gel eingeschmierte Magensonde über die Nase im Rachen angelangt ist, fordere ich den Patienten auf, das Wasser zu schlucken. Währenddessen schiebe ich die Magensonde ohne Schwierigkeiten.

Die Folge: Mit zwei bis drei Schluck läßt sich die Sonde mühelos und ohne große Beschwerden für den Patienten bis in den Magen schieben.

Magensonde beim bewußtlosen Patienten

von Reinhard Jaki, Assistenzarzt, Anästhesieabteilung des Robert-Bosch-Krankenhaus, Stuttgart

Das Problem: Einführen einer Magensonde beim bewußtlosen oder betäubten Patienten.

Der Tip: Nachdem die Magensonde eingeschmiert über die Nase in den Rachenraum geschoben wurde, greife ich mit der linken Hand in den Mund und ziehe den Unterkiefer beim liegenden Patienten nach oben.

Die Folge: Dadurch öffnet sich der Ösophaguseingang und die Sonde läßt sich meistens ohne Zuhilfenahme einer Magill-Zange vorschieben. Gerade die Vermeidung einer Zange ist sehr wichtig, da sie ja besonders leicht im Rachenraum zu Schleimhautläsionen führt. (Den Tip verdanke ich meinem Chef Dr. Toth.)

»Feigenblatt« ans Proktoskop

von Dr. D. Schoppe, Facharzt für Frauenkrankheiten und Geburtshilfe, Erkrath

Das Problem: Bei der Prokto- und Rektoskopie muß sich der Untersucher dem Anal- und Genitalbereich mit dem Gesicht stark nähern, was in mehrfacher Hinsicht unangenehm (und unhygienisch) ist.

Der Tip: Ein Stück Kreppapier (Heftformat) wird zentral perforiert und das Prokto- bzw. Rektoskoprohr bis zum Okularansatz hindurchgeschoben, so daß bei der Untersuchung die Anal- und Genitalgegend abgedeckt wird – was auch dem Patienten angenehmer ist. Mit dem gleichen Papier können nach der Untersuchung etwaige an dem Rohr haftende Schleim- oder Stuhlreste abgewischt werden.

Die Folge: Ein (relativ) sauberes Prokto-Rekto-Skopieren.

Punktion großer Pleuraergüsse erleichtert

von Dr. Georg Jagusch, Internist, Boppard

Das Problem: Punktionsmethode bei großen Pleuraergüssen.

Der Tip: Auf ein Einweginfusionsbesteck wird eine Einwegkanüle mit entsprechendem Lumen aufgesetzt. Das andere Ende des Infusionsschlauches wird am Rand des auf dem Fußboden stehenden Auffanggefäßes mit Pflaster fixiert. Nach Anästhesie und Probepunktion wird die Kanüle eingestochen. Der Abfluß der Flüssigkeit kann am freien Ende des Infusionsschlauches beobachtet werden. Bei Stockungen wird die Lage der Nadel korrigiert.

Die Folge: 1. Man hat die Gewähr, daß stets steriles Instrumentarium angewandt wird.
2. Es entfallen Reinigungs-, Pflege-, Desinfektionsaufwendungen und entsprechende Lagerung.
3. Das Abpunktieren ist für den Durchführenden ohne jegliche Anstrengung und für den Patienten weniger belastend, da die gegensinnigen Bewegungen bei Anwendung der Rotandaspritze (Saugen, Ausspritzen, Drehung des Revolvers) oder des 2- bzw. 3-Wege-Hahnes entfallen, die Nadel nicht verschoben wird und somit keine Gefahr besteht, daß ein Organ verletzt wird bzw. die Nadel aus dem Flüssigkeitsbereich rutscht.

Schonende Pleurapunktion

von Dr. Hans-Joachim Wenzel, Berlin

Das Problem: Bei älteren und geschwächten Patienten ist die Punktion von größeren Pleuraergüssen nach der herkömmlichen Art mittels Rotandaspritze (Dreiwegebahn) häufig ziemlich zeitaufwendig und daher für den Patienten belastend.

Der Tip: Man verwende für die Pleurapunktion eine Vakuumflasche (Blutentnahme- oder Redonflasche, wiederverwendbar) mit Verbindungsschlauch (z.B. Infusionssystem). Mit einer Klemme oder dem Stellrädchen an dem Infusionsschlauch läßt sich die Fließgeschwindigkeit regulieren.

Die Folge: Die Punktion geht schneller und für den Patienten weniger belastend vonstatten.

Epicondylitis: Vereisen hilft auch

von Dr. G. Giessen, Arzt für Allgemeinmedizin, Pirmasens-Fehrbach

Das Problem: Nicht immer muß bei einer Epicondylitis des Ellenbogens gleich zur Kortisonspritze gegriffen werden.

Der Tip: Oft hilft sehr gut Besprühen mit Chlorathyl (vereisen) in wenigen Sekunden. Dies soll an drei Tagen wiederholt werden.

Die Folge: Erstaunlicherweise sind die Beschwerden oft schlagartig verschwunden.

Verkrampfte Muskulatur

von Dr. R. Jucker, Arzt für Allgemeinmedizin FMH, CH-Schlieren

Das Problem: Kopfweh, Epikondylitiden und Zustände von Lumbalgie beruhen nicht selten auf muskulärer Verspannung. Diese Spannungszustände sind dem Patienten nicht bewußt, können von ihm daher auch nicht aktiv gelöst werden.

Der Tip: Hilfe zur Bewußtmachung: Die massierende Hand des Arztes oder der Therapeutin spürt die verkrampften Muskelteile auf (besonders häufig im Bereich der Nacken-, Schulter-, Vorderarm- oder Erectortrunci-Muskulatur).

Die Folge: Durch Massage kann der Spasmus oft gelöst werden. Läßt man zudem den Patienten die in Frage stehende Muskulatur aktiv anspannen, wird ihm erfahrbar, was Spannung und Entspannung einer Muskelpartie bedeuten. Er kann angeleitet werden, zu Hause oder anderswo auf diese Weise zur Entspannung beizutragen.

Hartnäckige Kniebeschwerden

von Medizinalrat Dr. Felix Müller, prakt. Arzt,
Innsbruck

Das Problem: Kniebeschwerden.

Der Tip: Zur routinemäßigen Knieuntersuchung gehört unbedingt auch die Untersuchung auf Druckpunkte am Tibiakopf. In einer viel größeren als geahnten Zahl findet sich meist medial (aber auch lateral) eine Insertionstendopathie, die starke Beschwerden machen kann (besonders beim Abwärtsgehen) und mit dem Kniegelenk also gar nichts zu tun hat. Als Methode der Wahl und bisher ohne Mißerfolge an Ort und Stelle eine Depotmischinjektion mit Cortison (z.B. Volon A 40) und 2 ccm Depotimpletol (aut simile) verabreichen.

Die Folge: Immer genügte nur eine Injektion, die schlagartig wirkte. Ob nebenher eine Kniearthrose besteht oder nicht, ist irrelevant; meist bestand keine, so daß diese Patienten, die eine Insertionstendopathie hatten, aber nicht darauf behandelt wurden, immer vergeblich „kniebehandelt" wurden.

Anmerkung der Redaktion:
Ein Orthopäde, den wir zu dem Tip befragten, verfährt so, daß er nach Einspritzen eines Lokalanästhetikums nur einige Teilstriche eines Hydrocortisonpräparates injiziert.

Ulcus cruris – Schmerzen fix beseitigt

von Dr. Otto Lauff, Wiesbaden

Das Problem: Patienten mit einem Ulcus cruris postthromboticum haben an diesem fast immer Schmerzen; jedenfalls bekommen sie diese, wenn Medikamente (Salben, Spray oder Lösungen) mit der Wunde in Berührung kommen.

Der Tip: Man betupfe die Wunde mit einem in 2 %-Pantocainlösung® getränkten Wattebausch oder lege diese Watte für einige Minuten auf die Wunde.

Die Folge: Der Patient hat in wenigen Minuten keine Schmerzen mehr, und man kann leicht eine lege artis-Wundbehandlung vornehmen.
Wenn dadurch die Schmerzen nicht oder nicht ganz nachlassen, dann kann angenommen werden, daß eine „Begleitentzündung" tiefer sitzt, und es muß zusätzlich (intern) antiphlogistisch behandelt werden.

So heilt das Ulcus cruris

von Dr. Joachim König, prakt. Arzt in Offenbach

Das Problem: Schlecht heilende Ulcera cruris.

Der Tip: Man bestreut die Ulzera – besonders wenn sie nässen – mit zerstampfter Kohle (Compr. Cascan®, Merck). Sind sie eitrig, schmierig belegt, empfiehlt sich für eine Zeitlang Sulfa-Kohle, falls keine Allergie gegen Sulfonamide vorliegt. Nach zwei bis drei Tagen werden die Kohlepartikeln mit Mull vorsichtig entfernt und das Ulkus neu beschickt. Zusätzlich kann man das Ulkus noch mit einem ca. 1 cm breiten Leukoplaststreifen fest zusammenziehen. Diesen Streifen – falls der Patient nicht pflasterempfindlich ist – läßt man 4 bis 6 Tage liegen. Nach Entfernung des alten Streifens legt man einen neuen an, in anderer Zugrichtung.

Die Folge: Das Ulkus heilt nicht mehr so schlecht; man kann aus einem großem Ulkus zwei kleine machen, da sich unter dem Leukoplaststreifen eine Granulationsbrücke bildet. Selbstverständlich müssen alle übrigen Maßnahmen weiterlaufen (Wickeln usw.).

Magnettafel für MS-Patienten

von Dr. F. Schwerdtfeger, Hals-Nasen-Ohrenarzt, Mainz

Das Problem: Schon mehrfach haben mir Patienten mit multipler Sklerose, zunächst wegen einer Dysphonie und später einer absolut nicht mehr zu verstehenden Sprachartikulation, sehr zu schaffen gemacht. Die Patienten sind am Ende einer langen Krankheit praktisch nicht mehr zu verstehen.

Der Tip: Es wird für den Patienten eine Magnettafel ähnlich der alten Schultafel (in Kinderspielläden zu bekommen) gekauft und er kann jetzt mit den magnetischen Buchstaben auf der Tafel das Nötigste sozusagen ankleben. Hierbei kommt zu Hilfe, daß fast wie beim Parkinsonismus bei einer Tätigkeit weniger gezittert wird, während bei ruhender Hand sofort das Zittern wieder einsetzt. Die Buchstaben müssen natürlich die Größe von mindestens 5 cm haben und kräftig sein.

Die Folge: Der Patient kann sich wieder seiner Umwelt mitteilen. Voraussetzung ist natürlich, daß er geistig noch ansprechbar ist und durch das „Schreiben" auf der Magnettafel zeigt, daß er sinnvoll reagiert.

5 Tips gegen Schluckauf

1

von Dr. Eva-Maria Engel, praktische Ärztin, Baden-Baden

Das Problem: Hartnäckiger oder persistierender Schluckauf.

Der Tip: Zunächst Verzicht auf alle zentral oder peripher wirksame, dämpfende, sedierende Medikation. Den Patienten mit hochgestreckten Armen in großen Schlucken möglichst kalte, kohlensäurehaltige Flüssigkeit trinken lassen (z.B. Mineralwasser). Zumeist genügt ein Glas.

Die Folge: Der Druck- und Kältereiz auf den N. phrenicus durch den Flüssigkeits-„Bolus" läßt auch den hartnäckigsten Singultus verschwinden. Diese Therapie kann bei Wiederauftreten gefahrlos wiederholt werden. Der Effekt ist reproduzierbar. Rezidivierender Singultus muß selbstverständlich weiter abgeklärt werden.

2

von Dr. I. Bonstein, Specialiste F.M.H. Gynecologie et Obstétrique, Genf

Das Problem: Ganz zufällig habe ich eine Methode gefunden, selbst hartnäckigsten Schluckauf ohne Medikamente zum Stillstand zu bringen.

Der Tip: Nehmen Sie eine Gummi-Absaugsonde oder einen Blasenkatheter No. 14 und bitten Sie den Patienten, seinen Mund weit zu öffnen. Führen Sie die Sonde tief in den Pharynx ein und drehen Sie sie zwischen zwei Fingern.

Die Folge: Die Sonde reizt die Pharyngealschleimhaut und löst einen Brechreiz aus, der den Schluckauf zum Sistieren bringt. Die Sonde kann auch durch die Nase geführt werden.
P.S.: Diese Methode kann sogar während einer Narkose angewandt werden.

3

von Dr. Jacques Pelet, Saint-Blaise

Das Problem: Ein hartnäckiger Schluckauf (und zwar die seltenen Fälle, die tagelang dauern und an eine ZNS-Beteiligung denken lassen).

Der Tip: Man gebe dem Patienten peroral 3-4mal täglich 10-20 Tropfen Benzylbenzoatlösung Rp. Benzylum benzoicum 5,0 Alkohol 20,0 mit etwas kaltem Wasser.

Die Folge: Der Schluckauf kam bisher immer zum Stillstand. Selbst in einem Fall von 8 Tage anhaltendem unstillbarem Schluckauf trat ein Erfolg ein.
P.S.: Benzylbenzoat wird äußerlich als Antiscabiosum und Antiseptikum verwendet. Innerlich wirkt es als Spasmolytikum.

4

von Dr. Meinhard Quack, Facharzt für Innere Krankheiten, Oberarzt am Städt. Krankenhaus, Frankfurt/M.-Höchst

Das Problem: Zur Behandlung des hartnäckigen Schluckaufs gibt es verschiedene Therapievorschläge (z.B. Valium® Psyquil®, Atosil®, Paspertin® u.a.).

Der Tip: Abgesehen davon, daß der Singultus ursächlich geklärt werden soll, ist zur Beseitigung des quälenden Zustandes Avafortan® (Camylofin = Spasmolytikum und Pyrazolonderivat) i. v. bestens bewährt.

5

von Medizinalrat Dr. Erwin Krebs, A-Villach

Das Problem: Hartnäckiger Schluckauf.

Der Tip: Man trete hinter den Patienten und umgreife die seitlichen Halspartien wie folgt: Daumen hinter das Ohr, Zeigefinger an die Mandibula, mit den Fingerspitzen des 3. und 4. Fingers sucht man das Zungenbein. Hat man es durch Darüberrutschen ertastet, hake man die beiden Fingerspitzen darunter ein. In dieser Haltung übe man mit den Unterarmen einen konstanten Zug nach kranial aus und zähle dabei bis 60. (Manuelle Behandlung nach Naegeli, 1894)

Die Folge: Wohl durch den starken Zug am Phrenikus sistiert der Singultus binnen einer Minute.

Wenn Sie Kinder behandeln

Sehprüfung beim Kleinkind

von Dr. Walter Amann, Bogen

Das Problem: Ein kleines Kind gibt bei der Sehprüfung keine oder falsche Antworten. Sieht das Kind schlecht oder mag es nicht?

Der Tip: Man legt unauffällig ein Bonbon neben die Sehtafel und fordert das Kind unvermittelt auf, es zu holen; es gehöre ihm.

Die Folge: Holt das Kind ohne zu zögern das Bonbon, sieht es Gegenstände in dieser Größenordnung. Muß es erst nach dem Bonbon suchen, kann eine Sehschwäche angenommen werden.

Visusprüfung beim Kleinkind

von Dr. Jakob Meyer, Augenarzt FMH, Basel

Das Problem: Visusprüfung beim Kleinkind, wenn die Bilder der Lesetafeln noch nicht beachtet oder benannt werden.

Der Tip: Ruhiges einäugiges Fixieren und präzise Folgebewegungen sind bereits ein gutes Zeichen. Nun wird aus einem Zellstofftupfer ein kleines Stück gerissen, ein winziges Kügelchen gerollt und auf der Hand dargeboten. Schon halbjährige Kinder greifen nach dem Kügelchen und geben es auf Bitten wieder zurück.

Die Folge: Unterschiedliche Präzision mit dem rechten oder linken Auge zeigt eine Sehschwäche an.

Zuerst den Teddy ophthalmoskopieren

von Dr. Jakob Meyer, Augenarzt FMH, Basel

Das Problem: Augenfundus-Untersuchung beim Kleinkind. Kleinkinder blicken gerade ins Ophthalmoskop oder lassen sich oft gar nicht untersuchen.

Der Tip: Zuerst wird der Teddybär oder die Mutter ophthalmoskopiert; dann hält man einen Taschenspiegel nahe und schräg z.B. vor das linke Auge, so daß das Kind darin seine links sitzende Mutter sieht.

Die Folge: Das rechte Auge kann nun in Ruhe ophthalmoskopiert werden und durch Ändern des Anstellwinkels des Taschenspiegels läßt sich jede beliebige Stelle des Fundus einstellen.

So gehen die Augen auf

von Dr. Helmut Steiner, Facharzt für Kinderheilkunde, Graz

Das Problem: Kinderärztliche Augenuntersuchung beim Neugeborenen.

Der Tip: Will das Neugeborene nicht die Augen öffnen und man gewaltsames Öffnen der Augen vermeiden, genügt es oft, das Kind einfach aufzunehmen, bzw. aus der horizontalen, liegenden Körperhaltung in die vertikale, aufrechte Körperhaltung zu bringen!

Die Folge: Gewünschte Untersuchung wird möglich.

Racheninspektion bei Kindern

von Dr. Erich Zimmermann, Gemeindearzt, A-Spitz a.d. Donau

Das Problem: Sie wollen einem Kind in den Hals schauen. Es mag aber nicht und demonstriert Ihnen eine perfekte Kiefersperre.

Der Tip: Schonen Sie Ihre Nerven, riskieren Sie den Ruf der Brutalität, halten Sie mit einem energischen Griff beide Nasenlöcher zu.

Die Folge: Nach kurzer Apnoe wird das Kind den Mund auftun. Sie nützen diesen Augenblick und können sehen, was los ist. Auch die ängstliche Mama wird nachher ruhig atmen und Ihnen dankbar sein, daß die Diagnose Angina verifiziert ist.

Racheninspektion bei Kleinkindern

von Dr. K.-H. Brückner, Nordseeklinik, Westerland/Sylt

Das Problem: Bei der Untersuchung von Säuglingen und Kleinkindern kann man auf eine Kooperation bei der Racheninspektion nicht hoffen.

Der Tip: Bewährt hat sich eine Fixierung des Kopfes durch die Mutter, indem beide seitlich am Kopf emporgezogenen Arme des Patienten in Rückenlage auf Höhe der Ellenbogengelenke gegen den Kopf gedrückt werden.

Die Folge: Es kommt so zu einer Fixierung des gesamten Oberkörpers, so daß man sicher und unbehindert untersuchen kann.

Marienkäfer statt Lampen

von Dr. W. Schaupeter, Univ.-Kinderklinik, Freiburg i. B.

Das Problem: Racheninspektion bei Kindern, insbesondere Kleinkindern, stößt oft auf erhebliche Gegenwehr.

Der Tip: Ich benutze bei der Racheninspektion eine Taschenlampe in Form eines roten Marienkäfers (erhältlich in jedem Elektrofachgeschäft).

Die Folge: Es ist erstaunlich, wie bereitwillig sich auch kleinere Kinder vom Marienkäfer in den Mund schauen lassen. Die Folge sind oft weniger Tränen und weniger Gewaltanwendung.

HNO-Untersuchung beim Kind

von Dr. Dieter Maass, Facharzt für Hals, Nase, Ohren, Bingen/Rhein

Das Problem: Die Untersuchung von Kindern in der HNO-Praxis bereitet häufig Schwierigkeiten, da besonders Kleinkinder vor der Untersuchung Angst haben und sich gegen das Einführen der Untersuchungsinstrumente wehren.

Der Tip: Mir hat sich folgendes Vorgehen bewährt: Wenn ich den Eindruck habe, daß das Kleinkind sich nicht widerstandslos untersuchen lassen wird, führe ich zunächst einen Ohrentrichter in mein eigenes Ohr und fordere das Kind auf, hineinzusehen, ob es die Mutter oder Tapete auf der anderen Seite sehe. Danach erträgt das Kind die Untersuchung an sich selbst ohne weiteres. Anschließend verfahre ich gleichartig mit der Nase, d. h., ich führe ein Nasenspekulum in meine Nase, öffne es und fordere das Kind auf, nachzusehen, ob ich Polypen habe. Auch zur Untersuchung der Mundhöhle öffne ich zunächst meinen Mund weit, lege einen Spatel auf meine Zunge und sage „a". Die ganze Prozedur an mir dauert maximal 30 bis 40 Sekunden.

Die Folge: Die Kinder lassen sich durchwegs widerstandslos zum Erstaunen der Eltern untersuchen, und man hat im allgemeinen Zeit gespart und sich die Sympathie des Kindes erworben.

Racheninspektion: Kleinkind überlisten

von Dr. Gerhart Herbst, Facharzt für Kinderkrankheiten, Freudenstadt

Das Problem: Ein Teil der zu untersuchenden Kleinkinder wehrt sich gegen jegliches Untersuchen und schreit bereits beim Auskultieren lauthals.

Der Tip: Während mit einer Hand das Stethoskop geführt wird, hält die andere eine Untersuchungslampe, mit der dem Kind beim Schreien in den Mund bzw. Hals geleuchtet wird.

Die Folge: Meist gewinnt man einen besseren Einblick als beim schönsten A-Sagen und erspart sich und dem Kind den Spatel.

Büroklammer für die Nase

von Dr. S. P. Elbers, prakt. Arzt, Salzgitter

Das Problem: Ein Kind hat sich eine Murmel, Bohne oder andere Gegenstände in die Nase gesteckt.

Der Tip: Man benutzt eine winklig abgebogene Büroklammer als Naseninstrument.

Die Folge: Die Fremdkörper lassen sich leicht aus der Nase herausholen. Man hat ja nicht jedesmal sofort ein spezielles Ohrenarztinstrument zur Hand. (Der Trick stammt von einem Sanitäter in den Tropen.)

Fremdkörper in der Kindernase

von Dr. W. Schmidt, Beckum

Das Problem: Der Praktiker versucht nahezu immer, einen Nasenfremdkörper – es handelt sich in den meisten Fällen um Kinder, die sich Perlen, Knöpfe, Obstkerne o. ä. in die Nase stecken – blind mit einer Pinzette aus der Nase zu entfernen und stößt bzw. schiebt ihn aber damit nur immer weiter in die Tiefe.

Der Tip: Versuchen Sie durch kräftiges Politzern auf der fremdkörperfreien Nasenseite den Nasenfremdkörper durch Luftdruck wieder herauszustoßen.

Die Folge: Es gelingt in vielen Fällen, anderenfalls Überweisung an HNO-Arzt, da alle anderen Maßnahmen nur Schäden anrichten und dem Facharzt die Entfernung sehr erschweren.

Beim Kind zuerst das gesunde Ohr spiegeln

von Dr. R. Kübler, Arzt für Allgemeinmedizin, Wilhelmsdorf

Das Problem: Kind mit Ohrenschmerzen.

Der Tip: Ich schaue zuerst in das nicht oder weniger schmerzhafte Ohr.

Die Folge: Dadurch hat der kleine Patient die Angst vor den Manipulationen mit Watteträger und Ohrspiegel verloren, wenn ich anschließend das schmerzhafte Ohr untersuche.

Nasenpipette: Erst saugen, dann tropfen

von Dr. Klaus Flatten, Facharzt für Hals-Nasen-Ohren-Leiden, Erlenbach

Das Problem: Kindliche Nase voller Sekret. Nasentropfen fließen nicht in die Nase. Also typische Sinusitis ethmoidalis.

Der Tip: Absaugen mittels Nasentropfenpipette. Ist in jedem Fläschchen Nasentropfen kostenlos enthalten. Braucht nur gesammelt zu werden, um einen Vorrat von ca. 10 Röhrchen in der Praxis zu haben. Nach dem Absaugen Nasentropfen von dem Kind in die Nase hochziehen lassen.

Die Folge: Vorher nicht durchlässige Nase jetzt für Abschwellungsmittel erreichbar.

Hörprüfung beim Säugling

von Dr. E. Bonnet, Facharzt für Kinderheilkunde, Reutlingen

Das Problem: Hörprüfung bei Säugling und Kleinkind.

Der Tip: Eine einfache Spieluhr, welche mit einer Schnur aufgezogen wird, lege ich während der Auskultation handbreit neben den Kopf des liegenden Kindes.

Die Folge: Ein Kind, welches hört, hält kurzzeitig den Atem an oder hört mit Schreien auf oder wendet sich dem Geräusch zu. (Die Spieluhr steckt in meiner linken Manteltasche und kann mit Daumen und Zeigefinger aufgezogen werden.)

Kleinkinder ohne Angst vorm Otoskop

von Dr. Reinhard Seger, Kinderarzt, CH-Benglen

Das Problem: Das Otoskop, ein für Kinder fremdartiges Instrument, wird von diesen oft als bedrohlich empfunden.

Der Tip: Das Otoskop vor der Untersuchung spielerisch erklären. Jüngeren Kleinkindern mehrfach die „Kuckuckslampe" vorführen. Licht einschalten, Kuckuck rufen, dabei Licht ausschalten. Dann z.B. sagen: „Jetzt schaue ich Dir schnell noch mit dem Lämpli ins Öhrlein und wenn ich fertig bin ruft es vielleicht Kuckuck. Hör gut zu." Ältere Kinder mit der „Pustelampe" spielen lassen. Licht einschalten, pusten und dabei gleichzeitig das Licht ausschalten. Dann das Kind fragen, ob es die Lampe selbst ausblasen kann. Nach mehreren Versuchen z.B. sagen: „Jetzt schaue ich Dir mit dem Lämpli schnell ins Ohr und dann darfst Du es noch einmal ausblasen."

Die Folge: Kaum ein Kind weint mehr bei der Untersuchung.

Ohrentropfen gegen Nabelnässen

von Dr. Roman P. Müller, Spezialarzt FMH für Gynäkologie und Geburtshilfe, Zürich

Das Problem: Nässender Nabel, Nabelekzem in der Tiefe des Nabels, übelriechende Sekretion aus dem Nabel.

Der Tip: Ohrentropfen z.B. Otalgan® (enthaltend Phenazon 5 %, Procainhydrochl. 1 %, Glycerin anhydr.) 2 x täglich in die Nabelgrube träufeln.

Die Folge: Linderung der Beschwerden, bzw. Heilung.

Der Säugling schreit

von Dr. K. Gaydoul, Mülheim-Ruhr

Das Problem: Einzeln zu untersuchender oder nicht trinken wollender Säugling der ersten Lebenswochen, der geräuschvoll protestiert.

Der Tip: Ganz zart, sanft und gleichmäßig kreisend mit der flachen, warmen Hand über den Bereich der Schädeldecke und Fontanellen streichen.

Die Folge: Hilft fast immer.

Allergentestung: Mehrere Kinder gleichzeitig testen

von Dr. E. Bonnet, Facharzt für Kinderheilkunde, Reutlingen

Das Problem: Allergentestung (Prickmethode).

Der Tip: a) Patienten nach Anamnese zusammenstellen, z.B. Pollinose im Frühsommer, asthmatische Bronchitis nach Kontakt mit Tieren, asthmatische Bronchitis vorwiegend in den Wintermonaten usw.
b) Mehrere Patienten gleichzeitig testen (6 bis 8). Übereinstimmende Allergengruppen von ca. 3 bis 5 Einzelallergenen (z.B. Gräser und Getreide) bei allen Patienten auftragen und dann bei allen „pricken". Anschließend die nächste Serie usw. Vorteil: Meine kleinen Patienten sind abgelenkt, keiner kollabiert (die tapfersten Kinder werden an den Anfang gesetzt). 4 mal 5 Pricks sind leichter zu ertragen als 1 mal 20.
c) 20 Pricknadeln + Halter benutzen. 10 habe ich in der Hand, 10 werden von der Helferin desinfiziert:
d) oder sterilisierte Stecknadeln als Pricknadeln benutzen. 1 mal benutzen und dann wegwerfen – desinfizieren entfällt. Stecknadeln (1000 Stück) sind billig. Testung kann ohne Unterbrechung durchgeführt werden.

Die Folge: Vorteile für Arzt und Patient!

Kein Kinderplärren beim Auskultieren

von Dr. Joachim Pongratz, prakt. Arzt, Bovenden-Eddigehausen

Das Problem: Die Untersuchung ängstlicher Kinder.

Der Trick: Ich höre die Kinder zuerst am Bauch und auf der Brust ab und erkläre ihnen mein „Kindertelefon"

Die Folge: Kaum mehr eines plärrt bei der Untersuchung. Die meisten weinen nämlich aus aus Angst, weils sie nicht wissen, was der Arzt mit dem fremden Instrument auf ihrem Rücken macht.

Brüllendes Kind besänftigt

von Dr. Peter A. Rohde, Arzt für Allgemeinmedizin, Hutzel über Soltau

Das Problem: Brüllendes Kind in Wut und Panik hindert Untersuchung.

Der Tip: Unterhalten Sie sich flüsternd mit der Mutter über das Kind.

Die Folge: Das Kind wird still, denn es möchte ja hören, was da gesprochen wird. Jetzt können Sie den entspannten Bauch untersuchen, während Sie weiter mit der Mutter flüstern. (Klappt bei Kindern ab etwa 2 Jahren.)

Kinder ohne Angst vorm Stethoskop

von Dr. Walter Amann, Bogen/Bayern

Das Problem: Kleine und sehr kleine Kinder haben oft Angst vor dem Stethoskop.

Der Tip: Es hat sich als günstig erwiesen, wenn man die Kinder erst mit dem Stethoskop spielen läßt. Man kann es vor ihnen hin- und herbaumeln lassen, bis es ergriffen wird, usw.

Die Folge: Wie spielerisch kann man dann das Stethoskop aufsetzen und auskultieren.

Säugling schreit während Untersuchung

von Dr. Helmut Steiner, Facharzt für Kinderheilkunde, Graz

Das Problem: Beruhigung des weinenden oder schreienden Neugeborenen oder Säuglings.

Der Tip: Fast immer gelingt es, das Kind zu beruhigen, indem man den Saug- bzw. Schluckreflex provoziert, zum Beispiel durch Fingerberührung der Lippen oder Mundwinkel oder kurzes Lutschenlassen am kleinen Finger oder – hygienischer – an einem Sauger. Manchmal auch durch Gabe eines Tropfens Glycero-Merfen®, Glukose oder ähnlichem auf die Zunge.

Die Folge: Erleichterung der Untersuchung.

Auskultation – Wenn's Kind schreit

von Prof. Dr. S. Buchs, Kinderarzt, Basel

Das Problem: Die Ratschläge von Dr. Amann und Dr. Pongratz mögen gut sein, es gibt aber noch bessere, welche sogar beim wild schreienden Kind eine einwandfreie Herzauskultation ermöglichen.

Der Tip: Ich setze das Stethoskop auf die Handfläche des Kindes auf und frage, ob dies schmerzt. Erstaunte Antwort: Nein. Dann die zweite Handfläche. Antwort: Nein. Das Knie: Nein. Das Herz (und jetzt beginnt die Auskultation): Nein. Rücken: Nein.

Die Folge: Mit dieser bewußten Irreführung des Kindes läßt sich auch das leiseste Herzgeräusch mit Leichtigkeit auskultieren. Allerdings sollte man das Kind dazu sitzen lassen, sobald man es hinlegt, (Cave den berühmten Würgegriff der Mutter!) bekommt es regelmäßig Angst.

Auskultation – Wenn's Kind nicht schreit

von Dr. Heinz Filaferro, prakt. Arzt, Velden

Das Problem: Kleinkinder atmen bei der Auskultation schlecht durch.

Der Tip: Dem mit dem Rücken zum Arzt sitzenden Kind den Kopf ziemlich energisch nach vorne drücken.

Die Folge: Das Kind fühlt sich ohne Schmerzempfindung bedrängt, beginnt sofort zu weinen und atmet dabei optimal durch.

... dann ist das Kind still

von Dr. G. Giessen, Arzt für Allgemeinmedizin, Pirmasens-Fehrbach

Das Problem: Schwierigkeiten bei der Untersuchung von schreienden Kleinkindern.

Der Tip: Schreiende Kleinkinder können oft sehr schnell zur Ruhe gebracht werden, wenn man sie statt mit ihrem richtigen Vornamen mit einem falschen Vornamen anspricht, etwa bei einem Mädchen: „Du bist die Karoline." Dies führt nämlich sofort zu einem Protest. In aller Regel hört damit das Kind auf zu schreien, um darlegen zu können, wie es wirklich heißt

Die Folge: Durch dieses Ablenkungsmanöver meist problemlose Untersuchung des Kindes ohne weiteres Schreien.

Weinendes Kind: Stethoskop zum Lachen

von Dr. Peter A. Rohde, Arzt für Allgemeinmedizin, Hützel über Soltau

Das Problem: Ein Kind weint und hat Angst vor dem Abhorchen mit dem Stethoskop.

Eine halbe Umdrehung – das Gesicht lacht

Der Tip: Ich malte auf die Hinterfläche der Membrane ein Gesicht. „Wenn du weinst, dann weint der Kleine hier auch, aber wenn du lachst, dann lacht er dich auch an. Welchen möchtest du haben beim Abhören?"

Die Folge: Fast immer ein lachendes Kind, der Ausruf: „Den da!", wobei es auf das lachende Gesicht zeigt und keine Schwierigkeiten mehr bei der Auskultation macht.
PS: Gefunden in Willy Dreifuß' „Kindergesichter", Schwabe Verlag Basel, Seite 12. Sofort in die Praxis umgesetzt, mit begeisterter Aufnahme bei den Kindern. Ein ähnliches „Drehgesicht" von 30 cm Durchmesser hängt inzwischen an der Wand und kann von den Kindern selbst je nach Stimmung umgedreht werden.

Tabletten »kindgerecht«

von Dr. F. Sokolowski, Wroclaw/Polen

Das Problem: Wie kann man „unwillige" Kinder dazu bringen, verordnete Tabletten zu schlucken?

Der Tip: Man lege die Tablette zwischen zwei Löffel. Indem man die parallel aufeinanderliegenden Löffel zusammendrückt, entsteht eine pulverisierte Masse, die zum Einmischen in flüssig-breiige Lebensmittel (Gries, Haferflocken, Pudding usw.) geeignet ist.

Die Folge: Die pulverisierte Tablettenmasse wird problemlos geschluckt.

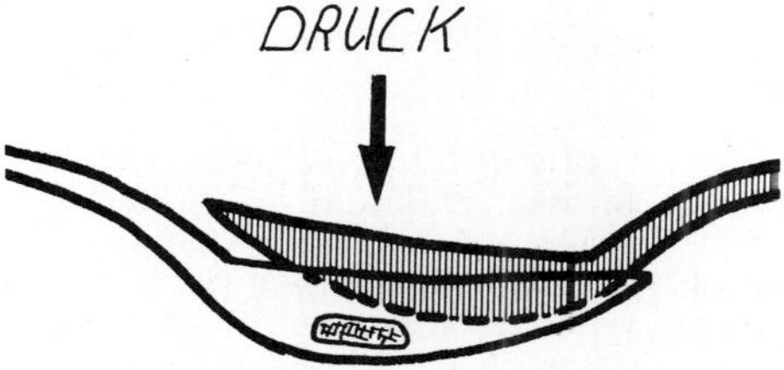

Anmerkung der Redaktion:
Noch leichter dürfte die Tablettenzerkleinerung vonstatten gehen, wenn die Löffelstiele mit getrennten Händen bedient werden (siehe Skizze!)

Kleinkind: Tropfen auf Waffel

von Dr. Alexander Korte, Facharzt für Säuglings- und Kinderkrankheiten, Frankenthal

Das Problem: Viele Kleinkinder, aber auch größere Kinder, nehmen im Krankheitsfall gar nicht oder nur widerwillig Tropfen ein.

Der Tip: Die Tropfen auf eine gefüllte Waffel träufeln.

Die Folge: Die Tropfen ziehen in die Waffel ein, und das Kind wird gerne auf diese Weise sein Medikament einnehmen.

Lebertran

von Dr. Adolf A. Aust, Arzt für Allgemeinmedizin und Badearzt, Nordseebad Büsum

Das Problem: Wie man Kinder zum Einnehmen von Lebertran bringt.

Der Tip: Warmer Löffel (nicht zu warm!) ist gut, aber anschließende Mundspülung mit warmer Milch – oder Trinken warmer Milch – ist noch besser.

Die Folge: Sofort verschwindet das „pappige" Gefühl im Mund.

Der Säugling erbricht die ersten Mahlzeiten

von Dr. K. Gaydoul, Mülheim-Ruhr

Das Problem: Differentialdiagnostische Abklärung einer Ösophagusatresie bei Säuglingen, die die ersten Milchmahlzeiten grundsätzlich erbrechen.

Der Tip: Mit Lackmuspapier die Reaktion des Erbrochenen prüfen. Da der pH-Wert im Säuglingsmagen sehr niedrig liegt, müßte ein Farbumschlag eintreten.

Die Folge: Sie ersparen sich möglicherweise eine Röntgenkontrast-Untersuchung.

Kleinkinder: Gang prüfen

von Prof. Dr. S. Buchs, Kinderarzt FMH, Basel

Das Problem: Man möchte bei Kleinkindern den Gang prüfen, erlebt aber, daß das Kind lieber bei der Mutter stehen bleibt, anstatt zum Arzt zu gehen.

Der Tip: Stellen Sie das Kind mit seinem Rücken vor sich hin, das Gesicht der Mutter zugewendet, die an der gegenüberliegenden Wand steht, und fordern Sie das Kind auf, zur Mutter zu gehen.

Die Folge: Es geht sofort! Bei der Betrachtung des Ganges von vorne stellen Sie das Kind an die gegenüberliegende Wand und die Mutter neben sich.

So läßt sich die kindliche Sprachentwicklung beurteilen

von Prof. Dr. K.H. Weigand, Kinderarzt, Deggendorf

Das Problem: Zur Frage, ob ein Kleinkind eine Störung der Sprachentwicklung hat, kann der Arzt in der Sprechstunde sehr oft keine Stellung nehmen, da das Kind sich in dieser Ausnahmesituation gar nicht oder nur sehr gehemmt äußert.

Der Tip: Ich gebe den Eltern eine Tonbandkassette zur Aufzeichnung der sprachlichen Möglichkeiten ihres Kindes im häuslichen Milieu mit. Auf den Anfang der Kassette gebe ich den Eltern konkrete und einfache Tips zum Interview ihres Sprößlings.

Die Folge: Bei dem heutzutage nahezu ubiquitären Gebrauch eines Kassettenrekorders bekomme ich meist eine Aufzeichnung gebracht, aus der ich mir ein recht gutes Bild über die Sprachentwicklung und auch die Art der sprachlichen Kommunikation der Eltern mit dem Kind machen kann.

Blutentnahme beim Kind

1

von Dr. Helmut Steiner, Facharzt für Kinderheilkunde, Graz

Das Problem: i.v.-Injektion und -Kurzinfusion beim Neugeborenen und jugendlichen Säugling.

Der Tip: a) günstigste Lokalisationen sind die Stirnmittelvene bzw. -venen (meist sehr gut sichtbar, gerade und gut im subkutanen Gewebe fixiert, keine „Rollvenen"), dann die Schläfenvenen (cave A. temporalis!), die Ellbeugenvenen und zuletzt die Handrückenvenen (letztere sind oft Rollvenen und schwerer fixierbar).
Für die Injektionen und Infusion stets feine Flügelnadeln verwenden (z.B. Abbot-Butterflies 21-25 oder Braun-Venofix 0,8-0,5). Dünnwandkanülen mit fix verschweißtem, möglichst nicht zu kurzen Plastikansatzschlauch.
b) Für die Blutabnahme: möglichst große dicke Vene ebenfalls im Schädelbereich, in der Cubita oder am Handrücken wählen. Wird relativ schnell und viel Blut benötigt, kann auch die A. temporalis punktiert werden, danach jedoch stets Druckverband bzw. Kompression der Punktionsstelle für 2-3 Minuten. Es genügen starre 1er oder 2er Einmalkanülen bzw. Einmalnadeln!

Die Folge: Problemlose Injektion bzw. Blutentnahme.

2

von Dr. Cornelius Rosenfeld, Facharzt für Kinderkrankheiten, 4407 Emsdetten

Das Problem: Blutentnahmen bei Kindern.

Der Tip: Damit mich die Kinder bei der Blutentnahme aus der Kubitalvene trotz vorheriger Erklärung des Vorganges nicht stören und nicht im letzten Augenblick, trotz aller guten Vorsätze, mit der freien Hand „zuschlagen", gebe ich meinen Patienten den Tupfer in die freie Hand.

Die Folge: Bis das Kind überlegt hat, wohin es den Tupfer legen soll, bin ich mit der Prozedur fertig. (Aktivierung des Greifreflexes?) Erfolg also: Ungestörte Blutentnahme beim Kind.

3

von Dr. H.-J. Spaar, Kinderarzt, Bremen

Das Problem: Blutentnahme bei jungen Säuglingen – Darstellung der Venen-Anlage einer Tropfinfusion.

Der Tip: Man legt einen handelsüblichen, überall verfügbaren, schmalen Haushaltsgummi, der etwas enger ist als der Kopfumfang des Kindes, über Stirn und Hinterkopf.

Die Folge: Stauung des venösen Abflusses aus der Haut des Kalottenbereiches und Hervortreten geeigneter Venen.

4

von Dr. Helmut Steiner, Facharzt für Kinderheilkunde, Graz

Das Problem: Erleichterung der Blutabnahme beim Neugeborenen und Säugling bei Bedarf einer etwas größeren Blutmenge.

Der Tip: Das Kind schreien lassen bzw. durch kurzes intermittierendes Zuhalten der Nase, Anschnippen an Ohrmuschel, Fingern oder Ferse bzw. leichtes Kneifen zum Schreien bringen.

Die Folge: Dadurch erhöht sich der Venendruck und das Blut rinnt besser. Diese Methode ist humaner als mehrmaliges Stechen.

Wie öffne ich die Babyfaust

von Dr. E. Serhan, Shifnal

Das Problem: Die Palma von Kindern unter 4 Monaten ist wegen des Greifreflexes erfahrungsgemäß schwierig zu untersuchen.

Der Tip: Gehen Sie gewaltfrei vor; kitzeln Sie den Handrücken.

Die Folge: Die Faust öffnet sich automatisch.

Bei schreienden Kindern den Bauch palpieren?

von Dr. G. Giessen, Arzt für Allgemeinmedizin, Pirmasens-Fehrbach

Das Problem: Schwierigkeiten bei der Untersuchung schreiender Kleinkinder.

Der Tip: Bei Besuchen bei Kleinkindern, zu denen ich wegen Bauchschmerzen gerufen werde, bin ich immer froh, wenn diese schlafen. Ich sage auch den Eltern, daß sie das Kind nicht etwa wach halten oder wecken sollten, wenn ich komme. Als erstes gehe ich mit der angewärmten Hand unter die Bettdecke und fühle den Bauch ab, und zwar durch die Schlafkleidung.

Die Folge: Man kann beim schlafenden Kind vorzüglich palpieren und Resistenzen gut ausmachen. Wird das Kind dann wach, ist diese wichtige Untersuchung bereits erledigt. Wenn dann die Kinder schreien, ist es oft unmöglich, noch einen sicheren Befund festzustellen.

Verspanntes Kleinkind überlistet

von Medizinalrat Dr. H. Günther, A-Mayrhofen

Das Problem: Das Kleinkind wird wegen Bauchschmerzen von der Mutter gebracht. Es spannt und schreit sehr vor Schmerz oder aus Angst vor dem Doktor. Appendizitis?

Der Tip: Die Mutter soll das Kind auf den Schoß nehmen. Sie setzen sich hinter die Mutter und tasten von rückwärts mit Ihren (warmen) Händen den Bauch des Kindes ab.

Die Folge: Ohne Mühe wird es gelingen, eine Diagnose über den nicht mehr gespannten Bauch zu stellen. Das Kind merkt gar nicht, daß sie es sind, der mit geübten Händen pathologische Resistenzen ertasten will.

Windel-Dermatitis verhindert

von Dr. Renate Grobovschek, Turnusärztin, Salzburg

Das Problem: Wie das Auftreten einer Soor-Hautaffektion in der genito-analen Region bei antibiotischer Therapie im Säuglings- und Kleinkindalter, z.B. wegen Angina lacunaris, verhütet werden kann.

Der Tip: Anstatt einer üblichen pflegenden Hautcreme Verwendung einer Heilsalbe mit desinfizierender Wirkung (ohne Antibiotika- oder Steroidzusatz natürlich) z.B. Vita Merfen Salbe®, während und etwas über die Zeit der antibiotischen Therapie hinaus.

Die Folge: Es gelingt meistens eine langwierige „Soor-Windeldermatitis" zu verhindern.

Säugling: Fönen statt Abtrocknen

von Dr. Otto Sprockhoff, Facharzt für Kinderheilkunde, Essen

Das Problem: Die Haut im Genitalbereich muß bei der Genitalmykose des Säuglings austrocknen.

Der Tip: Deswegen erstens nur mit Pasten behandeln und zweitens nach dem Baden (nur jeden 2. Tag!) die Genital- und Analgegend fönen.

Die Folge: Kein schmerzhaftes Abtrocknen der Haut mehr durch die Mutter. Fönen ist angenehm, elegant und schnell heilungsfördernd.

Vom Kind vorgetäuscht?

von Dr. Peter Lorant, Wien

Das Problem: Meningitiszeichen bzw. Meningismus können bei Kindern oft durch aktiven muskulären Widerstand vorgetäuscht werden.

Der Tip: Fordern Sie das im Bett sitzende Kind auf, „dem Knie einen Kuß" zu geben.

Die Folge: Tut das Kind dies gern und beidseits leicht und mühelos, so liegt keine meningeale Reizung vor.

Meningismus? Den Säugling ablenken

von Dr. Reinhard Seger, Benglen

Das Problem: Fremden Personen und Ärzten begegnet ein Säugling im zweiten Halbjahr häufig mit abwehrendem Schreien („Fremden") und Opisthotonusstellung. Die Untersuchung auf Meningismus kann dadurch sehr erschwert sein.

Der Tip: Den Säugling mit verschränkten Händen nehmen und wiegen, die Mutter dabei gleichzeitig auffordern, sich über das Kind zu beugen und es abzulenken (mit Sprechen, Singen, Zeigen eines interessanten Gegenstandes). Macht sich das Kind beim Wiegen schön rund und spürt man, daß es sich der Wölbung der Arme angleicht, ist Meningismus unwahrscheinlich.

Die Folge: Schreibedingte Opisthotonusstellung kann von echtem Meningismus weitgehend unterschieden werden.

Phimose-Operation vereinfacht

1

von Dr. S. Scheeff, Facharzt für Chirurgie, Ellingen

Das Problem: Die Behandlung einer Phimose.

Der Tip: Beim Kleinkind sind so gut wie keine Folgen eines stattgehabten Eingriffes zu sehen, wenn durch Spreizen einer in den Vorhautsack eingeführten Moskitoklemme das dorsale innere Präputialblatt längs zum Einreißen gebracht und quer vernäht wird. Im einzelnen geht man so vor: Die Glans wird nach Vorstreifen des Präputiums mit der linken Hand gehalten. Mit der rechten Hand wird eine Moskitoklemme in den Vorhautsack eingeführt und bei Senken des Griffes gleichzeitig gespreizt, so daß das dorsale innere Präputialblatt längs zum Einreißen kommt. Nach Rückstreifen der Vorhaut wird der gesetzte Längsriß quer vernäht. Bis zur Entfernung der beiden Fäden sollte die Vorhaut täglich einmal zurückgestreift werden.

Die Folge: Schon nach kurzer Zeit ist von dem Eingriff nichts mehr zu sehen. Der kleine Eingriff ist – chirurgisch gesehen – sicherlich keine elegante Methode, doch ist der Erfolg – einiges Geschick vorausgesetzt – um so besser, und einfacher geht es wirklich nicht mehr.

2

von Dr. F. Knittel, CH-Gränichen

Das Problem: Dr. S. Scheef empfiehlt als Chirurg das kräftige Spreizen der Vorhaut bis zum Einreißen des inneren Präputialblattes und queres Vernähen des Längsrisses. Als Landarzt habe ich diese Methode immer angewendet.

Der Tip: Es geht noch einfacher, nämlich ohne Nähen! Der Eingriff geht dann in 20 Sekunden in ultrakurzer Rauschnarkose. Das tägliche Zurückziehen der Vorhaut ist wichtig.

Die Folge: Zeit gespart!

✉ Dazu gab es Kritik: Anhang, 6 / Seite 234

Wächst das Hämangiom?

von Dr. E. Bonnet, Facharzt für Kinderheilkunde, Reutlingen

Das Problem: Hämangiom beim jungen Säugling.

Der Tip: Ich zeichne die Kontur des Hämangioms auf ein Stück Pergamentpapier und gebe dies der Mutter mit.

Die Folge: Die Mutter kann jetzt zu Hause überprüfen ob das Hämangiom auffällig schnell wächst.

Fremdkörper in der kindlichen Vagina

von Dr. Merkel, prakt. Arzt, Cuxhaven-Altenbruch

Das Problem: Fremdkörper in der kindlichen Vagina.

Der Tip: Man nehme das kleinste Ohrenspeculum, die feinste Hakenpinzette, etwas Olivenöl (Gleitfähigkeit!) und einen HNO-Reflektor und lasse von der Mutter die Beinchen halten und von der Sprechstundenhilfe die Lichtquelle am Kopfende des Kindes. Ohne Hymen-Verletzung läßt sich das Speculum sanft und schmerzlos einführen. Fremdkörper sichten (z.B. Sicherheitsnadel), mit Hakenpinzette greifen und gleichzeitig mit Speculum vorsichtig extrahieren!

Die Folge: Die Prozedur ist ganz schmerzlos, keine Hymenverletzung möglich, kein Gynäkologe nötig!

Keine Injektion muß schmerzhaft sein ... 1

von Dr. Hanspeter Dreifuss, Arzt für Allgemeine Medizin FMH, Matten-Interlaken

Das Problem: Schmerzlose Injektion.

Der Tip: Bei Kindern (und Erwachsenen) bewährt es sich, vor der Injektion auf 3 zu zählen und auf 2 zu stechen.

Die Folge: Kinder fangen, wenn überhaupt, erst auf 3 zu weinen an. Erwachsene lachen. Bei der intraglutäalen Injektion in Bauchlage kann ein für den Patienten überraschenderweise auf die Gegenseite applizierter leichter Klaps auf das Gesäß dazu führen, daß er nachher meint, wenn gleichzeitig die Injektion auf der anderen Seite erfolgte, noch überhaupt keine Injektion erhalten zu haben.

2

von Dr. Manfred Freiherr von Ungern-Sternberg, Detmold

Das Problem: Schmerzfreie Injektion.

Der Tip: Ich kommandiere: „Einatmen – ausatmen", bei „Ausatmen" steche ich.

Die Folge: Der Patient ist entspannt.

3

von Dr. Konrad Dobler, prakt. Arzt, A-St. Marienkirchen

Das Problem: Seit vielen Jahren – nachdem es einmal ein Kollege an mir praktizierte – gebe ich die i.m.-Injektionen so, daß der Patient den Nadelstich nicht spürt.

Der Tip: Mit der rechten Hand stoße ich mit Schwung die Nadel ins Gesäß und klopfe gleichzeitig mit der flachen linken Hand dicht daneben auf den Po. Wichtig, daß Nadelstich und Schlag gleichzeitig erfolgen.

Die Folge: Der Stich wird tatsächlich nicht wahrgenommen. Sehr vorteilhaft bei Kindern, die schon groß genug sind, um sich etwas sagen zu lassen. (Der Tip soll von einem amerikanischen Kinderarzt stammen.)

4

von Dr. E. Schierwagen, Düsseldorf

Das Problem: Schmerzarme Injektion.

Der Tip: Ein von mir laut gesprochenes „Zuck" im Augenblick des Einstiches lenkt den Patienten derart ab, daß er den Einstichschmerz kaum wahrnimmt und zumeist sogar zum Lachen animiert wird.

Die Folge: Seit 25 Jahren auch bei Kindern bestens bewährt.

5

von Dr. Hans J. Mayer M.P.H., prakt. Arzt (Tropenmedizin), Weilheim

Das Problem: Schmerzarmes Injizieren.

Der Tip: Man nimmt eine Zweier-Kanüle zwischen rechten Daumen und Zeigefinger und sticht mit soviel „Effet" in den entspannten Muskel, als ob man einen Schlag versetzen will. Es trifft die rechte Handkante das Gesäß kurz vor dem Stich.

Die Folge: Der Patient fühlt nur den Schlag und nicht den Stich. Ein weiterer Vorteil: Falls ein Gefäß getroffen wurde, tritt Blut aus der Kanüle, bevor die Spritze aufgesetzt wird.

6

von Dr. W. U. Wayand, Allgem. Öffentl. Krankenhaus, Kirchdorf an der Krems

Das Problem: Das Geheimnis der schmerzfreien intramuskulären Injektion.

Der Tip: Man hält die Spitze der Nadel so, daß sie parallel der Hypothenarseite kleinfingerseitig liegt, jedoch in halber Höhe der Mittelhand. Wenn man nun rasch sticht, kommt der kleinfingerseitige Handballen um Sekundenbruchteile früher mit der Haut des Patienten in Berührung als die Nadel.

Die Folge: Die Diskriminationsfähigkeit dieser Hautregion macht die Registrierung der zweiten Berührung – also des Stiches – unmöglich. Das langsame Injizieren – besonders hyperosmolarer Lösungen – ist ja selbstverständlich.

7

von Dr. M. Burmester, Hermannsburg

Das Problem: Wie wir unsere Patienten bei Injektionen schonen.

Der Tip: Wir benutzen möglichst kleinkalibrige Kanülen. Injektionen von Flüssigkeiten wäßriger Konsistenz sind mit 18er Kanülen leicht getan. Bei dickflüssigen Lösungen, auch Öl (z.B. Hormonen), genügt das Anwärmen der Ampulle in der Hand, um bei der Benutzung einer 16er Kanüle keine Schwierigkeit zu haben.

Die Folge: Zufriedenheit der Patienten!

8

von Dr. Erich Auer, Facharzt für innere Krankheiten, Graz

Das Problem: Klage wehleidiger Patienten über Schmerzhaftigkeit der i.gl. oder i.m. Injektion.

Der Tip: Die Fingernägel von Daumen und Zeigefinger der linken Hand im Abstand von ca. 3 cm sehr fest in die Haut drücken und zwischen beiden Punkten die Nadel „einschießen".

Die Folge: Die Injektion erfolgt praktisch total schmerzlos (uralter Tip, der aber offenbar immer wieder in Vergessenheit gerät).

9

von Dr. Martin, Arzt für Allgemeinmedizin, Wiesbaden

Das Problem: Sensible Menschen haben Angst vor „der Spritze".

Der Tip: Man spritze „à la reine" mit Chloraethyl. Natürlich nicht im Chloraethylrausch wie bei der Entbindung jener englischen Königin, sondern nach Chloraethyl-Kältespray über dem Injektionsort. Aus neuen Metalldosen sprüht Chloraethyl feiner als zuvor und kühlt je nach Abstand im größeren oder kleineren, aber stets konzentrischen Kreis.

Die Folge: Die Injektion ist nicht nur schmerzfrei, sie ist so empfindungsfrei, daß ungeduldige Patienten nach Entfernung der Nadel bisweilen mahnen: Nun spritzen Sie schon, Herr Doktor!

10

von Dr. Hubert Lohmer, Facharzt für Frauenkrankheiten und Geburtshilfe, München

Das Problem: Viele Patienten haben vor Blutentnahmen oder intravenösen Injektionen Angst.

Der Tip: Ich lenke sie ab, indem ich sie in einem schönen Landschaftsbild (im Sprechzimmer) mit den Augen spazieren schicke und ihnen Abenteuer erzähle, die sie dort erleben. Das ganze dauert zirka eine halbe Minute.

Die Folge: Die Patienten sind so gebannt, daß sie nichts mehr spüren.

11

von Dr. Peter A. Rohde, Arzt für Allgemeinmedizin, Hützel über Soltau

Das Problem: Panische Angst vor der Spritze (bei Kindern und Erwachsenen).

Der Tip: „Du, ich kann Dir die Spritze machen, ohne daß Du irgendwas davon merkst. Aber Du mußt dabei mitmachen, willst Du? Also paß auf. Du kannst sogar zuschauen. Ich sage: Achtung, fertig los. Und bei „los“ brüllen wir alle. Du, Deine Mutter und ich, so laut wir können. Au! Und Ehrenwort, wer am lautesten Au schreit von uns, der merkt nichts von der Spritze, die ich bei „Au“ mache.“

Die Folge: Fast alle, Kinder wie Erwachsene, merken nichts von der Injektion. Merken sie es doch, dann habe ich sie aber auch nicht belogen, denn am lautesten habe

ich selbst Au geschrien. Beim zweiten Mal klappt's dann bestimmt.
Außerdem habe ich die kleinen sadistischen Ablenkungen wie Kneifen, Klaps etc. vermieden; und das Kind hat ganz nebenbei gelernt, daß man 1. Angst haben darf und 2. selber etwas dagegen tun kann.

12

von Dr. Ulrich Schmid, CH-Vevey

Das Problem: Ihr Patient beklagt sich mit Recht über den Schmerz, den das Eindringen des Lokalanästhetikums (Lidocain® oder Mepivacain®) ins Gewebe hervorruft.

Der Tip: Temperieren des Lokalanästhetikum-Fläschchens auf 37°C.

Die Folge: Infiltration vollzieht sich praktisch schmerzlos.

13

von Dr. J. M. Caliezi, Spezialarzt FMH für Psychiatrie und Psychotherapie, Bern

Das Problem: Injektionen aller Art.

Der Tip: Stichstelle wird mit Daumen und Fingern der freien Hand bis zur Entfärbung des Blutschimmers niedergedrückt, die Haut so kräftig als möglich gespannt. Die stechende Hand führt die Nadel bis an die Haut, durchsticht die Stelle dann blitzartig und geradlinig. Bei intravenösen Injektionen kann die freie Hand nur gegen den Arzt spannen und pressen. Dort kann auch eine Hand des Patienten die Gegenkraft

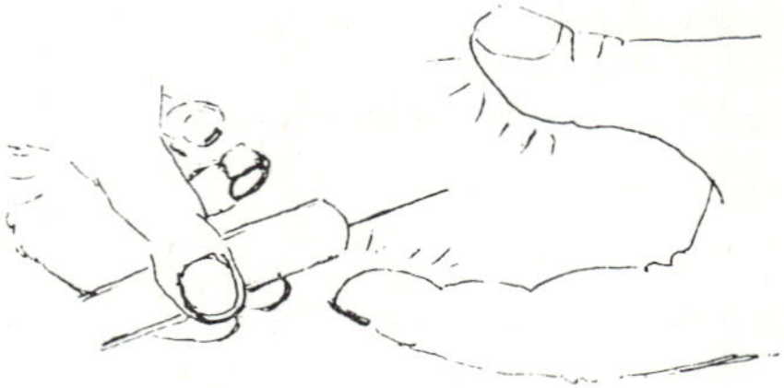

liefern und dem Patienten mit der aktiven Teilnahme sein Ohnmachtsgefühl durch Nützlichkeit ersetzen.

Die Folge: Auf diese Weise ist es unmöglich, daß die elastische Haut und das Untergewebe nachgeben und den Durchstoßungsschmerz so unangenehm verlängern. Zudem erzeugt der Druck und die Spannung eine gewisse Unempfindlichkeit. Weiter ist die Gefahr der Verbiegung der Nadel oder gar ihres Abbrechens praktisch aufgehoben.

14

von Dr. Bernd Lemmrich, praktischer Arzt, Uspenau

Das Problem: Der Einstich bei der Injektion ist meist am schmerzhaftesten.

Der Tip: Ich kneife die Injektionsfläche großflächig beim Einstechen.

Die Folge: Patienten (besonders Kinder) bemerken den Einstich häufig überhaupt nicht mehr.

15

von Dr. Alfred Lautner, prakt. Arzt, Wien

Das Problem: Schmerzvermeidung bei Injektionen.

Der Tip: Ich betreibe in Wien seit 22 Jahren Akupunktur, und da hat sich bei dem Stechen mit den Nadeln eine Methode bewährt, die man auch bei i.m.- bzw. s.c.-Injektionen anwenden kann: Im Augenblick des Einstiches lasse ich den Patienten einmal stark husten.

Die Folge: Der Einstich wird völlig schmerzlos.

Heftpflaster entfernt Haarreste

von Dr. Heiko Krefter, Heilbronn

Das Problem: Nach dem Rasieren einer Punktionsstelle (z.B. Femoralgefäße) restlose Entfernung der abgeschnittenen Haare.

Der Tip: Mit einem Streifen Heftpflaster über die rasierte Haut streichen.

Die Folge: Sämtliche abgeschnittenen Haare bleiben an der Klebeseite des Pflasters hängen; die vorgesehene Punktionsstelle kann einwandfrei sterilisiert werden.

Anmerkung der Redaktion:
Das Pflaster nimmt die Haarreste schneller und gründlicher auf, wenn es nicht an einem zu kühlen Ort aufbewahrt wird.

I.m.-Injektion Pflaster unnötig

von Dr. Gernot Vielkind, A-Wildendürnbach

Das Problem: I.m.-Injektionen.

Der Tip: Nach Aufsuchen der Injektionsstelle ziehe ich mit der linken Hand die Gesäßhaut mehr oder weniger stark zur Seite, bevor ich einsteche (...aspiriere und das Medikament injiziere).

Die Folge: Die nach Herausziehen der Nadel an ihren Platz zurückkehrende Gesäßhaut verschließt meist die Einstichstelle – Pflaster selten nötig.

Kalte Finger: Dennoch problemlose Blutentnahme aus der Fingerbeere

von Dr. G. Jürgens, Facharzt für Frauenkrankheiten, Bonn

Das Problem: Die Patientin kommt mit kalten Händen zur Hb-Kontrolle. Nach Einstich in die Fingerbeere wird der Blutstropfen „herausgequält". Die Ergebnisse sind fragwürdig.

Der Tip: Man erzeugt eine Blutleere, indem man einen Gummiring um die Fingerbeere wickelt und nach proximal bis zum Fingergrundglied zurückschiebt. Der Gummiring wird nach ca. 3-4 Minuten abgenommen.

Die Folge: Es tritt sofort eine reflektorische Hyperämie ein, die Blutentnahme ist problemlos und durch optimale Füllung der Kapillaren im Ergebnis sehr genau.

Alles um die Venenpunktion

1

von Dr. Erich Auer, Facharzt für innere Krankheiten, Graz

Das Problem: Schlechte Venen, die sich auch nach Stauung kaum füllen.

Der Tip: Bei angelegter Stauung mehrmals kräftig mit den Fingern der flachen Hand die Cubita schlagen.

Die Folge: Fast immer ausreichende Füllung sowohl tieferer wie auch kleinster oberflächlicher Venen.

2

von Dr. Ernst Hartmann, Allgemeinarzt, Vilshofen

Das Problem: Zur besseren Darstellung und Auffindung einer Vene für die Blutentnahme hat sich folgendes Vorgehen bewährt.

Der Tip: Wir erwärmen den Unterarm von der Ellenbeuge bis zum Handgelenk mit einem Handfön.

Die Folge: Nach einiger Zeit erwärmt sich der Unterarm und die Adern werden deutlich sichtbar. Dieses Hilfsmittel ist besonders in der kalten Jahreszeit erfolgversprechend.

Anmerkung der Redaktion:
Warmes Wasser geht auch.

3

von Dr. A. Schneider, Spezialarzt für innere Medizin FMH, Zürich

Das Problem: Schlechte Venen für Blutentnahme oder Injektion.

3 Tips: 1. Mit der Blutdruckmanschette stauen, etwas unterhalb des diastolischen Drucks. Dies führt zu einer optimalen Prallfüllung der Venen.
2. Den Patienten flach lagern (oder Kopf tief) und die Halsvenen benützen.
3. Auch die Inguinalvenen kann man benützen. Sie sind senkrecht anzustechen, knapp medial des Arterienpulses. (Weniger einfach als die Punktion der Halsvenen und nicht für Injektionen geeignet).

Die Folge: Keine „schlechten" Venen mehr!

4

von Dr. Klaus Holzegel, Wunstorf

Das Problem: Blutentnahme aus und Injektionen in die Vena cubitalis können besonders bei Frauen und Adipösen schwierig sein.

Der Tip: Oft haben diese Patienten gut hervortretende Beinvenen oder Varizen, aus denen sehr leicht Blut zu entnehmen ist. Anschließend Kompression mit gerolltem Zellstofftupfer und Heftpflasterzügel.

Die Folge: Blutentnahme oder Injektionen sind völlig gefahr- und komplikationslos. Nebenwirkungen (Phlebitis) habe ich nie gesehen.

5

von Dr. G. Overbeck, Facharzt für Anästhesie, Koblenz

Das Problem: I. v. Injektion und keine Vene zu finden.

Der Tip: Eine Vene ist immer da – die V. jugularis unterhalb der Ohrspücheldrüse ist leicht zu finden! In Rückenlage den Kopf überstrecken und von der Injektionsseite wegdrehen, kräftig pressen lassen und schon liegt die V. jugularis ext. auf dem M. sternocleidomastoideus gut gefüllt sichtbar. Durch leichtes Abdrücken dicht über dem Schlüsselbein kann der Füllungsgrad noch verstärkt werden.

Die Folge: Problemloses Injizieren.

6

von Dr. Hans-J. Wenzel, Berlin

Das Problem: Blutentnahme bzw. i.v.-Injektion unter erschwerten Bedingungen (nicht gestreckter Arm bei älteren oder somnolenten Patienten).

Der Tip: Winkeln Sie vor dem Einstich die Kanüle durch eine kleine Biegung am Ansatzstück um etwa 20 Grad ab.

Die Folge: Sie können wesentlich leichter z.B. die Kubitalvene punktieren, die Gefahr des Durchstechens ist geringer, da Kanüle und Gefäß in derselben Richtung (parallel) verlaufen.

7

von Dr. Reinhard Dicke, prakt. Arzt, Willich

Das Problem: Veröffentlichungen zahlreicher Tricks zur Erleichterung der Vena-cubita-Punktion weisen auf Schwierigkeiten bei diesem häufigen Eingriff hin.

Der Tip: Blutabnahme und i.v.-Injektion sind bei liegendem Patient und sitzendem Arzt eklatant leichter als bei sitzendem Patienten. Zerstochene Patienten werden diesen trivial anmutenden Unterschied immer wieder bestätigen.

Die Folge: Alle weiteren Tricks zur Venenpunktion entfallen dann durchweg.

8

von Dr. Wilhelm Habenicht, A-Velden a. Ws.

Das Problem: Die Vermeidung von Venenobliterationen nach i. v. Injektionen.

Der Tip: Unmittelbar nach jeder intravenösen Injektion in eine Kubital- (Unterarm oder Hand) Vene lasse ich das Ellbogengelenk nicht beugen oder einen Zellstoff-Tupfer andrücken, sondern den Arm für 10-15 Sekunden senkrecht in die Höhe halten (und eventuell noch 2-3 mal die Faust schließen und öffnen).

Die Folge: Zweierlei wird dadurch erreicht: Die Venen bleiben durchgängig fürs nächste Mal und es gibt kein Nachsickern von Blut aus dem Stichkanal; letzterer schließt sich ausgezeichnet. (Routinemäßig erprobt!).

Eine vom Handgelenk zur Axilla hingeführte Streichbewegung kann man noch anschließen.
Ein höchst einfaches und sicheres Verfahren zur völligen Entleerung der Armvene vom eingebrachten Medikament!
Bei Bewußtlosen, kollabierten oder schwachen Bettlägerigen halte ich den Arm gewöhnlich routinemäßig 5 Sekunden lang selbst in die Höhe.

Blutentnahme ohne Hämatom

von Dr. F.W. Degenring, Arzt für Allgemeinmedizin, Hemsbach an der Bergstraße

Das Problem: Nach i. v.-Injektionen und nach Blutentnahme werden häufig häßliche Hämatome gesehen.

Der Tip: Sofort nach dem Herausziehen der Nadel (dabei schon den Tupfer leicht andrücken!) wird der Arm hochgehoben („höher als das Herz") und eine Weile hochgehalten und zwar nicht abgeknickt, sondern gestreckt.

Die Folge: Die Blutung steht aus hämodynamischen Gründen von selbst, das Andrücken hat nur noch symbolischen Charakter. Man muß darauf achten, daß der gestreckte Arm lange genug hochgehalten wird, eine Kleinigkeit, besonders bei liegendem Patienten.

Zusatzgewinn: Der Patient lernt, daß venöse Blutungen von selbst stehen, wenn die blutende Stelle „in höchste Position" kommt. Wichtig für Varizenträger!

Kein Hämatom nach i.v.-Injektion

von Dr. Anton Landmann, Sprengelarzt, A-Lend

Das Problem: Nach i. v.-Injektionen bei Visiten älterer alleinstehender Patienten kommt es öfters zum Auftreten ausgedehnter Suffusionen bzw. Hämatome an der Injektionsstelle, da die Patienten die Kompression vergessen.

Der Tip: Lassen Sie sich vorher ein Stofftaschentuch bereitlegen, das Sie auf eine Breite von ca. 4 cm diagonal falten und so mit dem Tupfer als Unterlage als Kompressionsverband um den Arm binden. Der Patient bekommt den Auftrag den Verband nach 15-20 Minuten wieder zu entfernen.

Die Folge: Kein Auftreten von Hämatomen an der Injektionsstelle. In erster Linie aber läßt sich die (oft einzige) Vene am nächsten Tag wieder mühelos punktieren.

I.a.-Injektionen: Kleineres Blutbad verhindert

von Dr. Dieter Heesch, Stationsarzt, Medizinische Abteilung des Stiftungskrankenhauses Speyer.

Das Problem: Bei i.a.-Injektionen mit mehreren Medikamenten werden häufig durch Verrutschen der Nadel Hämatome gesetzt sowie das Medikament neben das Gefäß gespritzt, was zu hochgradigen Schmerzen führen kann. Weiterhin kommt es beim Wechsel der Spritzen zum Blutaustritt aus der in der Arterie verbleibenden Nadel, was zu einem kleinen Blutbad und damit erhöhter Infektionsgefahr führt.

Der Tip: Aufsetzen eines Infusionssystems auf die Nadel schon während des Einstiches.

Die Folge: Man sieht das arterielle Blut im Schlauch, der nach erfolgreicher Punktion am hinteren Ende abgeklemmt wird, pulsieren, auch während der Injektion des Medikamentes in den Gummikonus mittels einer Zwölfernadel. So wird eine paraarterielle Applikation hundertprozentig vermieden. Da bei dieser Methode auch kein Blut austreten kann, ist die Infektionsgefahr auf Null vermindert.

Venen-Katheter verstopft?

von Dr. Walter Reichert, Chirurgischer Assistenzarzt am Krankenhaus vom Roten Kreuz, Stuttgart-Bad Cannstatt

Das Problem: Des öfteren sind Subklavia- oder Jugulariskatheter distal der Punktionsstelle abgeknickt, verstopft und nicht mehr durchgängig und müßten daher gezogen werden.

Der Tip: Der Katheter wird nach Jodierung etwas proximal der Knickstelle abgeschnitten. In den Katheter wird eine Viggo-Kanüle eingeschoben, die im Lumen zufälligerweise genau übereinstimmt. Nach Entfernung des Viggo-Mandrins wird die Viggo-Kanüle soweit als möglich vorgeschoben. Es ergibt sich ein absolut dichter Verschluß, der durch das Ankleben eines Pflasters gesichert wird.

Die Folge: Erneute Subklavia- bzw. Jugularispunktion ist nicht erforderlich.

Subclavia-Katheter verstopft

von Dr. Franz G. Nowak, Facharzt für Innere Medizin/ Kardiologie, Krankenhaus Kempfenhausen der Stadt München

Das Problem: Verschluß eines Venasubclavia-Katheters durch Blutgerinnselbildung. Durchspülen mit Kochsalzlösung gelingt oft nicht. Extraktion des Katheters und auch für den Erfahrenen risikoreiche Neuverlegung sind dann unumgänglich.

Der Tip: Mandrin aus einem neuen Venenkatheter (z.B. Aboven, Cavafix u.a.) entnehmen und in den liegenden V.-subclavia-Katheter einführen und eventuell unter Durchleuchtungskontrolle vorschieben.

Die Folge: Nach eigener Erfahrung ist das meist nur im Spitzenbereich lokalisierte Gerinnsel hiermit leicht zu entfernen, der Venenkatheter ist wieder funktionsfähig.

Cava-Katheter komplikationsloser

von Dr. Helmut Kraft, St. Antonius-Krankenhaus, Köln-Bayenthal

Das Problem: Senkung der Komplikationsrate bei Subklavia-Punktion zwecks Cava-Katheter.

Der Tip: Bei der vorangehenden Lokalanästhesie auf der Spritze mit dem Lokalanästhetikum eine lange 1er-Kanüle (die für intrakardiale Injekt.) verwenden und infiltrierend und aspirierend die V.subclavia lege artis aufsuchen, erst dann mit dem großkalibrigen Mandrin des Subklaviabestecks punktieren, wenn man sicher Richtung und Winkel weiß, und nur dann!

Die Folge: 1. Auch bei abnormen topographischen Verhältnissen oder atypischer Lage (Notfallpunktion!) sichere Punktion. 2. Evtl. Fehlpunktionen (Emphysemblasen, Arterie) bleiben dank des kleinen Kalibers der vorpunktierenden langen Kanüle ohne Folgen: Arterienpunktion kann auch bei Hypoxämie durch kurzes Abnehmen der Spritze ausgeschlossen werden (Druck). 3. Hat man bei der Vorpunktion die V.subclavia nicht erreicht, so ist m. E. ein anschließender Versuch auf der Gegenseite eher zulässig, was man sonst am selben Tag wegen der Gefahr des unbemerkten Pneumothorax bekanntlich vermeiden sollte.

Schmerzpunkte, in die man stechen möchte

von Dr. Dietrich van Rensen, praktischer Arzt, Meersburg

Das Problem: Markierung von Schmerzpunkten auf der Haut ohne Farbstoffbenutzung.

Der Tip: Man verwende kräftige Schutzhülsen von Einmalkanülen und benutze die offene Seite zum markieren. Aufgrund des Dermographismus entsteht ein kreisrunder Hautring, der sicher die betreffende Stelle anzeigt.

Die Folge: Problemlose, kostengünstige Methode, die ohne Farbverschmierung sicher die Hautpunkte, in die man einstechen möchte, anzeigt.

Dazu gab es Kritik: Anhang, 7 / Seite 236

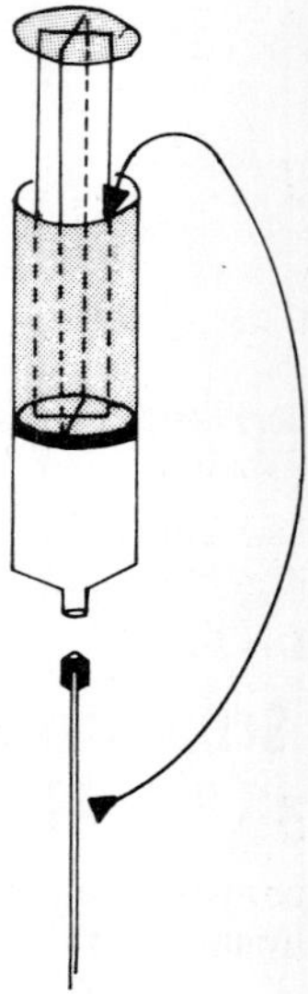

Wohin mit gebrauchten Einmalkanülen?

1

von cand. med. Michael Potrykus, Stade

Das Problem: Das gefahrlose Wegwerfen von Einmalkanülen.

Der Tip: Nach dem Gebrauch die Kanüle von der Spritze abziehen und in den Hohlraum zwischen dem Schaft des (halbausgezogenen)Spritzenstempels und dem Mantel der Spritze schieben und dann den Stempel ganz hineindrücken. Die Spritze ist jetzt (mit der Nadel sicher im Innern) durch den Teller oben auf dem Stempelschaft verschlossen.

Die Folge: Man kann die Spritze jetzt überall (Hausbesuche!) gefahrlos fortwerfen.

✉ Dazu gab es Kritik: Anhang, 8 / Seite 238

2

von Dr. Urs Bürki, Spezialarzt für Innere Medizin, FMH, Thun

Das Problem: Die gefahrlose Beseitigung von Wegwerfkanülen.

Der Tip: Jede Kanüle sofort nach Gebrauch wieder in ihre Plastikhülle stecken und dem Abfall übergeben.

Die Folge: Die Abfallsäcke können ohne Verletzungsgefahr angefaßt werden.

3

von Dr. Hans Negri, Spezialarzt für innere Medizin, Bern

Das Problem: Gefahrlose Beseitigung gebrauchter Injektions-Nadeln.

Der Tip: Nadel wegnehmen, umdrehen und mit der Spitze voran in Plastikspritze einführen, wobei die Nadelspitze in den Kolben sticht, dort fest verankert ist und nicht mehr herausfallen kann!

Die Folge: So ist die Nadel rasch und gefahrlos versorgt und Verletzungen und Infektionen (Serumhepatitis, etc.) ausgeschlossen!

4

von Dr. Konrad Rapprich, Frankfurt

Das Problem: Gebrauchte Einmalkanülen in der Praxis unfallsicher aufbewahren.

Der Tip: Von einer gebrauchten Infusionsflasche aus Glas wird der Gummistopfen entfernt und aufbewahrt. Solche leeren Infusionsflaschen werden dort hingestellt, wo gespritzt wird. Ist eine Flasche voll, wird sie wieder verkorkt und der Mülltonne übergeben.

Die Folge: Kein Stechen mehr von seiten des Personals oder Putzfrau oder Müllabfuhr.

5

von Dr. W. Siebert, Facharzt für Frauenheilkunde und Geburtshilfe, Kaufbeuren

Das Problem: Wohin mit gebrauchten und infizierten Objektträgern und Nadeln?

Der Tip: Sofort in eine alte Infusionsflasche werfen, die eine desinfizierende Lösung enthält.

Die Folge: Keine Verschleppung von Infektionen in Praxisräume, keine Glasscherben in Papierkörben, keine Verletzungsgefahr für Mitarbeiter, insbesondere für Putzfrauen.

Hämatom unterm Fingernagel

von Dr. Hans Rausch, Andernach

Das Problem: Möglichst einfache Behandlung des subungualen Hämatoms.

Der Tip: Wenn, wie bei starker Schmerzhaftigkeit, der Finger- oder Zehennagel durch das unter hohem Druck stehende Hämatom deutlich abgehoben ist, bringt man die Spitze einer Büroklammer, einer Nadel oder eines Stückes dünnen Drahtes zur Rotglut (mittels Feuerzeug, Kerze, Bunsenbrenner). Damit läßt sich der Nagel durch sanften schmerzlosen Druck leicht und einfach durchbohren, da Horn sofort schmilzt. Man muß möglicherweise mehrmals neu ansetzen, da die Rotglut rasch verschwindet.

Die Folge: Das Nagelbett bleibt unversehrt, da der Nagel ja stark abgehoben ist. Durch die Hitze ist auch die Sterilität gewährleistet. Großer Vorteil: Der Nagel braucht nicht entfernt zu werden; dadurch wird manche Krankschreibung überflüssig. Einzige „Nachteile": der Geruch des verbrennenden Horns und – Vorsicht! – das Blut kann durch den hohen Druck sehr weit spritzen. Ein Pflaster genügt als Schutzverband.

Gut bei Stichverletzung

von Dr. C. Krammer, Facharzt für Chirurgie, Voitsberg

Das Problem: Stich-, Schnabelhieb- oder Perforationsverletzungen auf der Fußsohle oder Hand.

Der Tip: Bestmögliche Versorgung durch Exzision der Wundränder in örtlicher Betäubung und Einschieben eines Leukase®-Kegels in den Stichkanal nach vorsichtiger steriler Sondierung.

Die Folge: Verhinderung jeglicher Spätinfektion bzw. Phlegmone oder tiefen Gewebsinfektion. Außerdem bewähren sie sich nach Stichinzision von Furunkeln bestens.

Fußsohle verletzt

von Dr. E. Kröger, Duisburg

Das Problem: Nagelstichverletzungen der Fußsohle, zum Beispiel auf dem Bau, entzüden sich immer.

Der Tip: In den ersten sechs bis acht Stunden Einstich mit Schere etwas erweitern, Streichholz anspitzen, mit wenig Watte umdrehen, in Jodtinktur eintauchen und blitzschnell in Stichkanal ein- und ausführen.

Die Folge: Keine Entzündung, keine Arbeitsunfähigkeit!

Abszeß eröffnen

von Dr. M. Burmester, Arzt, Hermannsburg

Das Problem: Eröffnung oberflächlicher Flüssigkeitsansammlungen, z.B. Abszesse, schwappende Hämatome.

Der Tip: Oberflächliche Anästhesie mit 1/2 % Scandicain® oder ähnlichem durch 18er Kanüle ist fast schmerzlos. Dann einfacher Schnitt oder Kreuzschnitt mit kurzer spitzer Schere. (Vorsicht bei Afterabszeß, der Eiter spritzt heraus.) Ähnlich dann man beim schwappenden Hämatom verfahren – falls nicht die Entfernung einer Naht genügt. Dann Expression, notfalls Ausräumung mit einem Löffel. Zur Vermeidung solcher Hämatome empfiehlt sich bei der Erstversorgung, besonders auf der Schädelkalotte, ein nicht ganz dünnes Stück Schaumgummi unter Druck anzubringen.

Die Folge: Zufriedener Patient!

Skalpell für 8 Pfennige

von Dr. Kurt Stiegert, Arzt für Allgemeinmedizin, Leichlingen

Das Problem: Billiges Skalpell.

Der Tip: Für die Eröffnung kleiner Abszesse, Zysten, Serome etc. genügt oft eine Blutlanzette, wie sie zur Gewinnung von Kapillarblut aus der Fingerspitze benutzt wird.

Die Folge: Eine Lanzette kostet 8 bis 10 Pfennig und ergibt nur minimalen Müllabfall.

Bartholinitis in der Praxis saniert

von Dr. G. Jürgens, Frauenarzt in Bonn-Bad Godesberg

Das Problem: Die Behandlung einer eitrigen Bartholinitis ist ambulant unbefriedigend, wenn man inzidiert, denn meistens gibt es ein Rezidiv. Es wird deshalb oft marsupialisiert, mit nicht immer gerade befriedigendem kosmetischem Ergebnis.

Der Tip: Nach kleiner, erbsgroßer Lokalanästhesie mit einer 16er Kanüle punktiere ich die Drüse in der Gegend des Ausführungsganges mit einer 1er-Kanüle und 10-ml-Rekordspritze. Nach Absaugen des Eiters wird der Hohlraum durch die noch liegende 1er-Kanüle mit Terracortril® Gel aufgefüllt.

Die Folge: Die starken Beschwerden lassen unverzüglich nach. Das Ödem des Ausführungsganges geht zurück und die Drüse regeneriert sich. Die Rezidivquote ist gering. Den meisten Patienten kann ein stationärer Aufenthalt erspart werden.

Wie man einen Verband fixiert

von Dr. Hans Rausch, Andernach

Das Problem: Sicheres Fixieren von Pflastern und Verbänden.

Der Tip: Durch vorheriges hauchdünnes Bestreichen der Haut mit Arasol® lassen sich Pflaster und Verbände tagelang sicher fixieren. Ideal ist die Anwendung von Arasol bei der Fixierung von Verbänden an schwierigen Stellen wie Leistenbeugen, Achselhöhlen, Gesicht und Schädeldach (Kopfplatzwunden; kleinste Verbände lassen sich sicher auf glattrasierter Haut fixieren). Hierzu werden (auch kleinste) Kompressen mittels einfacher (!) Lage eines passend mit exakt glatten Rändern zurechtgeschnittenen Stückes Verbandmull oder Mullbinde nach dünnem Bestreichen der Haut mit Arasol ideal fixiert.

Die Folge: Verbände werden unverschieblich (Arme, Beine, Brustkorb). Ein großer Vorteil der Methode besteht darin, daß z.B. bei Verbänden in der Achselhöhle das Schultergelenk frei beweglich bleiben kann. Der Verband geht dadurch nicht ab.

Pflaster klebt bombenfest

von Walter Becker, Arzt, Gerbrunn

Das Problem: Pflaster hält nicht auf feuchter Haut (Schweiß, Desinfektionsmittel).

Der Tip: Wunde mit Mullstreifen abdecken. Umgebung mit Sprühverband einsprühen, Pflaster aufkleben.

Die Folge: Heftpflaster klebt bombenfest.

Naht platzt nicht mehr

von Dr. Gerhard Martin, Arzt für Allgemeinmedizin, Wiesbaden

Das Problem: Auch bei „rechtzeitigem" Fadenziehen (der Zeitpunkt ist immer wieder umstritten) ist der Patient nicht begeistert, wenn hinterher die Wundränder wieder aufplatzen.

Der Tip: Zwischen den Fäden werden vor dem Fadenziehen Steri-Strip-Wundverschlußstreifen aufgeklebt und nach dem Fadenziehen durch zwei Leukoporstreifen parallel zum Wundrand abgesichert. Das Ganze wird mit Hansaplast überdeckt.

Die Folge: Bei der Entfernung dieses Sicherungsverbandes nach etwa 4 Tagen wird man kaum noch aufplatzende Wundränder erleben.

Naht auf der Kopfhaut

1

von Dr. Balz Widmer, Arzt für Allgemeinmedizin
FMH, CH-Grabs

Das Problem: Nach einer Rißquetschwunde oder nach Entfernung eines Atheroms auf der behaarten Kopfhaut soll auf die Naht ein Verband gelegt werden. Das Heftpflaster klebt nicht auf den Haaren, oder Sie müssen die Wundumgebung in zu weitem Umkreis rasieren.

Der Tip: Schneiden Sie nach dem Knoten der Hautnaht die Fäden nicht ab, sondern legen Sie eine sterile Gazekompresse auf den Schnitt, und knüpfen Sie die Fäden ein zweites Mal über der Gaze.

Die Folge: Der Verband ist klein, beim Entfernen können die Fäden durch leichtes seitliches Abnehmen der Gaze über der Haut leicht durchgeschnitten werden.

2

von Dr. S. Scheeff, Orthopädische Klinik, Ellingen i. Bayern

Das Problem: Herr Dr. Balz Widmer aus CH-Grabs hat ein seit eh und je die Wundärzte bewegendes Problem aufgegriffen und vorgeschlagen, bei einer Hautnaht auf dem behaarten Kopf die Fadenenden nicht abzuschneiden, sondern diese über einem aufgelegten Gazestreifen nochmals zu knoten.

Der Tip: Man erreicht stabilere Verhältnisse des Verbandes, wenn jeweils jeder dritte Faden nur einmal geknotet wird, und zwar über dem Gazestreifen, oder wenn der Gazestreifen durch Fadenschlaufen auf der Hautnaht befestigt wird, oder wenn – falls in entsprechender Länge vorhanden – einige Haare gezwirbelt und über der Gaze geknotet werden, ein Verfahren, das manchem etwas komisch anmuten mag. Wer es jedoch einmal durchgeführt hat, wird vom guten Sitz des Verbandes überrascht sein, sofern durch vorheriges Befeuchten der Haare ein stabiler Sitz der Knoten erreicht wurde. Und schließlich m.E. die beste Methode: Man führt eine Doppelstich-(Matratzen-)Naht so durch, daß die Knoten abwechselnd jeweils auf der Gegenseite liegen, so daß der aufgeknotete Gazestreifen eine leichte Zickzackform aufweist.

Die Folge: Durch obige Methode wird der Verband denkbar klein gehalten und sitzt besonders beim letzten Verfahren ausgezeichnet.

3

von Dr. P. Flückiger, Spezialarzt für Chirurgie FMH, Brugg

Das Problem: Operationen an der behaarten Kopfhaut.

Der Tip: Das Operationsobjekt (z.B. ein Atherom) wird vor der lokalen Anästhesierung des Operationsgebietes mit Farbstoff markiert. Haare werden keine entfernt, was von allen Patienten sehr geschätzt wird. Haut und Haare werden mit einem farblosen Desinfektionsmittel (z.B. nicht gefärbter Merfen®-Tinktur) ausgedehnt desinfiziert.

Die Folge: Ein Verband für die Hautnaht ist nicht notwendig. Man kann dem Patienten ein Desinfektionsmittel zum gelegentlichen Betupfen der Naht verschreiben. Sehr geeignet ist ein festhaftender Desinfektionsmittel-Schutzbelag, z.B. aus Benzoetinktur, wovon für eine kleinere Wunde 10 ml verschrieben werden (ein kleiner Prozentsatz der Patienten ist oder wird darauf allergisch). Es lohnt sich nicht, wegen einer kleinen Wundnaht einen teuren Spray zu verschreiben.

Festsitzender Fingerring

1

von Dr. Hugo W. Koch, CH-Bad Ragaz

Das Problem: Nach Verletzungen im Arm-Hand-Bereich treten Schwellungen der Finger auf, bis die Patienten zum behandelnden Arzt kommen.

Der Tip: Nehmen Sie eine dünne Nylonschnur (Paketschnur) und stoßen Sie das eine Ende unter dem Ring durch. Jetzt nehmen Sie beide gleichlangen Enden und machen schraubende Drehungen unter leichtem distalem Zug.

Die Folge: Der Ring kommt langsam, aber sicher, wie bei einem feinen Schraubengewinde, über das verdickte Fingergelenk. Seit Anwendung dieser Methode mußte ich keinen Ring mehr mit der Zange entfernen.

2

von Dr. Eva Maria Kirchmeyer, Neuß

Das Problem: Ein durch Ödem eingeklemmter Finerring.

Der Tip: Einen ca. 1 mm starken, rd. 25 cm langen Faden durch den Ring ziehen, den Faden distal vom Ring in mehreren Touren um den geschwollenen Bezirk wickeln, proximal in gleicher Weise wieder abwickeln. Der Ring gleitet jetzt wie auf einer Schiene über das durch die fortlaufende Wickelung ausgepreßte Ödem hinweg.

Die Folge: Der Ring ist schnell, unblutig und unversehrt entfernt.

Wie der Hotelarzt Seeigelstacheln entfernt

von Dr. Gerhard-Maria Feldzahn, Bad Mergentheim-Löffelstelzen

Das Problem: Seit 8 Jahren mache ich jährlich einen Teilurlaub in Kenia. Immer wieder erlebe ich, daß Urlauber trotz Warnung barfuß im Korallenriff spazieren gehen. Dabei passiert es regelmäßig, daß sie auf Seeigel treten und sich einen oder mehrere Stacheln einstechen, die dann abbrechen und ziemliche Beschwerden verursachen. Als Hotelarzt habe ich die Arbeit und den Ärger, denn selbst mit einer Splitterpinzette ist es oft unmöglich, den eingetretenen Stachelrest zu entfernen. Hier gibt es eine einfache Methode, die man auch bei abgebrochenen Dornen anwenden kann.

Der Tip: Man klebt über die Stichstelle einen Streifen wasserdichtes Leukoplast (es kann auch ein normales Leukoplast sein). Dieses Pflaster „mazeriert" die Haut. Am 3. oder besser am 5. Tag zieht man rasch das Pflaster in einem Zug ab und der Stachel ist im Pflaster.

Die Folge: Diese Behandlung ist schmerzlos und immer von Erfolg gekrönt.

Kaktusstacheln mit Tesaband entfernt

von Dr. E. Bonnet, Facharzt für Kinderheilkunde, Reutlingen

Das Problem: Der Patient hat in einen Kaktus mit vielen feinen Stacheln gefaßt.

Der Tip: Tesaband (besser als Tesafilm) über die Stacheln kleben und abziehen.

Die Folge: Stacheln bleiben am Tesaband kleben.

Kleber entfernt Kaktusstacheln

von Dr. A. Sattaf, Arzt für Allgemeinmedizin, Bad Steben

Das Problem: Speziell bei Kindern kommt es manchmal vor, daß sie aus Unwissenheit an einen Kaktus greifen.

Der Tip: Die feinen Stacheln entferne ich mit Pattex, indem ich eine feine Schicht von diesem Klebemittel auf der Hand verreibe und antrocknen lasse. Der Film wird abgezogen und die Stacheln kleben daran fest.

Die Folge: Für das Kind ist die ganze Sache sehr interessant, es kann die Tube halten und wird auf schmerzlose Weise von den Stacheln befreit.

Kleine Exzisionen ohne Narben

von Dr. Jakob Meyer, Augenarzt FMH, Basel

Das Problem: Bei der Exzision kleiner Naevi, Warzen usw. sollten die Ränder der lanzettförmigen Exzision symmetrisch liegen, damit Naht und Narbe schön linear werden.

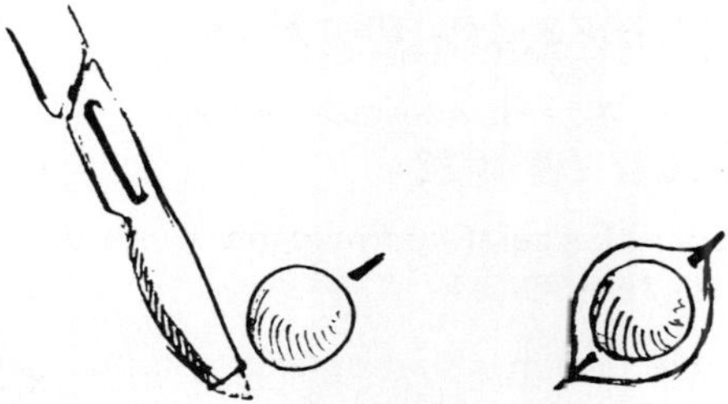

Der Tip: Man sticht mit der Skalpellspitze je einen kurzen Schnitt an genau entgegengesetzten Punkten neben dem Naevus in Hautspaltrichtung. Dann verbindet man diese Ecken durch bogenförmige Schnitte.

Die Folge: Unauffällige Narben.

Eiternde Ohrringlöcher

von Dr. med. Barbara Hehn, Ärztin für Allgemeinmedizin, Stuttgart-Sillenbuch

Das Problem: Infizierte, eiternde Ohrringlöcher infolge unsachgemäßer, nicht aseptischer Applikation von Ohrringen.

Der Tip: Ich spüle an einem oder zwei aufeinander folgenden Tagen mit einer Einmalspritze und einer Einmalkanüle (Nr. 14 oder 2) ein Antibiotikum von beiden Seiten des Ohrläppchens durch den Wundkanal.

Die Folge: In kürzester Zeit ist der Ohrringkanal ausgeheilt, der vorher manchmal wochen- bis monatelang mit Sprays oder Salben vergeblich behandelt wurde.

Varizen sauber verödet

von Dr. W. Siebert, Facharzt für Frauenheilkunde und Geburtshilfe, Kaufbeuren

Das Problem: Wie kann man freitropfendes Blut bei der Verödung von Varizen verhindern?

Der Tip: Kanülenstöpsel sofort nach Einstich aufsetzen.

Die Folge: Man kann in Ruhe weitere Nadeln setzen, ohne daß aus den anderen weiter Blut heraustropft und unnötige Reinigungsarbeiten verursacht. Die Verödung wird dadurch auch weniger blutig.

Fußwarzenbehandlung: Meine Methode ist »treffsicher«

von Dr. H. Eickschen, Facharzt für Kinderkrankheiten,
4050 Mönchengladbach 2-Rheydt

Das Problem: Behandlung von Fußwarzen.
Das exakte Fixieren von Salicylpräparaten auf den Fußsohlen macht oft Schwierigkeiten.
Wie oft sieht man in der Praxis, daß die Behandlung danebenging, insofern, als nicht die Warzen sich lösten, sondern die umgebende Haut mit zum Teil sehr schmerzhaften Folgen.

Der Tip: Um nun die verschiedenen großen Warzen genau zu treffen, ist ein gezielter Okklusivverband nötig. Dazu nehme ich ein Injektionspflaster „Hansaplast wasserdicht", stanze mit einem normalen Locher ein oder auch mehrere Löcher in die Mullauflage. Nach Entfetten der Haut mit Benzin wird das so vorbereitete Pflaster so befestigt, daß die Warze in der Öffnung erscheint.
Es erfolgt die Applikation des Salicylpräparates oder der von mir verwandten Salbe: RP Acid. salicyl. 5,0 Naphthol 5,0 o1 Thym. 5.0 Penol. liq. 5.0 Vaselin. Flav. ad 50.0.
Ein oder mehrere der wasserdichten Pflaster werden über dieses erste geklebt. Verbandswechsel in 24 Stunden.

Die Folge: Die Salbe kommt nur dorthin, wo sie benötigt wird.

✉ Dazu gab es Kritik: Anhang, 9 / Seite 239

Verbandwechsel problemlos

von Med. Rat Dr. Schweinbach, Graz

Das Problem: Ankleben vom Wundverband und Wiederaufreißen der Wunde beim Verbandswechsel bei Ablederungen, Lappenwunden und ähnlichen Verletzungen an den Fingern.

Der Tip: Bei diesen Verletzungen wird – die Wunde ausgenommen – der ganze Finger mit Mastix bestrichen. Anschließend ein zirka handtellergroßes Mullgitter über die Wunde stülpen, festpressen und den restlichen Mull unter Zug am ganzen Finger ankleben. Über diesem Gitter wird der normale Wundverband mit Wundpuder angelegt und – bei Schmerzfreiheit – ca. eine Woche belassen. Wenn nötig, über dem Gitter den üblichen Verbandwechsel machen.

Die Folge: Nach 8-10 Tagen Heilung (primär) – Mullgitter abziehen.

Narben ohne Stichkanäle

von Medizinalrat Dr. Erich Stern, Facharzt für Chirurgie, Wien

Das Problem: Üblicherweise werden die Wundränder mit einer Rundnadel mittels Knopfnähten verschlossen, wodurch Stichkanäle entstehen, die erst nach längerer Zeit vernarben.

Der Tip: Werden die Schnittflächen knapp unter der Haut mittels einer Schlittennadel subkutan auf beiden Seiten gefaßt und geknüpft, fällt der Knoten in die Schnittlinie und läßt sich durch leichtes Anheben des Fadens nach einigen Tagen entfernen, ohne daß es zur Bildung von Stichkanälen kommt.

Schlittennadel (seitlich gesehen)

Die Folge: Eine lineare kosmetische Narbe ohne Stichkanal, besonders anzuwenden bei kleinen ambulant durchgeführten operativen Eingriffen.
P.S. Auch beim Setzen von Klammern sind die Stichstellen noch lange Zeit sichtbar.

Anmerkung der Redaktion:
Es handelt sich hier um eine Art modifizierter Intrakutannaht. Wenn der Knoten innerhalb der beiden Wundränder liegt, wäre ein geringes „Klaffen" der Wundränder denkbar, wodurch die Narbe vielleicht auch etwas breiter ausfallen wird.

Wunde nähen: Der Trick mit dem Faden

1

von Dr. Klaus Husen, Facharzt für Chirurgie, Chirurgische Abt. des Kreiskrankenhauses Charlottenstift, Stadtoldendorf

Das Problem: Bei längeren Intrakutannähten (z.B. bei Strumaresektionen) ist es oft schwierig, den Faden wieder zu entfernen, da der ganze Faden durch die Wunde gezogen werden muß, was natürlich mit erheblicher Reibung – auch bei monofilem Material – einhergeht.

Der Tip: Diese Reibung läßt sich vermindern, wenn der Faden in Schmittmitte einmal durch die Haut hindurchgeführt wird.

Die Folge: Zur Fadenentfernung wird er dann hier durchtrennt und von beiden Seiten an den Plomben herausgezogen (s. Zeichnung).

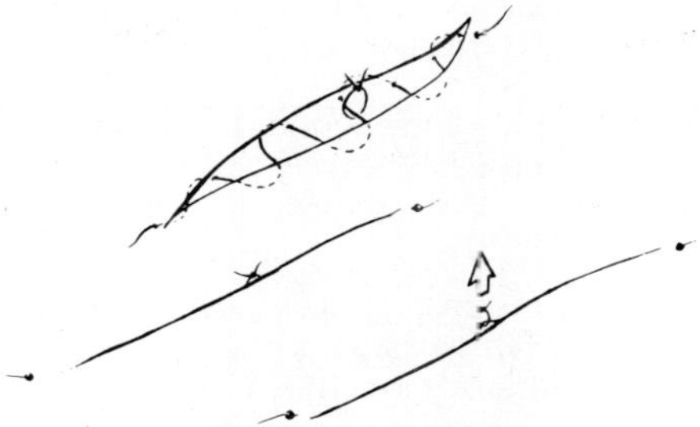

2

von Dr. Ulrich Kesselring, FMH chirurgie plastique et reconstructive, Lausanne

Das Problem: Der Trick mit dem Faden, wie ihn Kollege Husen zeigt, ist eine praktische Methode, um die Intrakutannaht reibungsgeringer zu entfernen. Das herausgeführte Fadenstück ist aber oft schwierig zu finden, da es sich eingräbt bei Nähten, die an spannungsgefährdeten Stellen oft mehr als 10 Tage belassen werden müssen. Macht man das Stück länger, so hinterläßt es eine zusätzliche Narbe.

Der Tip: Fassen Sie die Intrakutannaht mit einer losen Einzelknopfnaht, welche im Schnitt herausragt und erlaubt, die Intrakutannaht im gegebenen Zeitpunkt hochzuheben und zu durchtrennen.

Die Folge: Noch problemlosere Fadenentfernung!

Schnellende Sehne schnell beseitigt

von Dr. Kurt Sauer und Utz-Peter Sauer, Ärzte für Allgemeinmedizin, Rottenburg

Das Problem: Schnellende Sehne (Luxation der Fingerbeugesehnen durch Erschlaffung oder Einrisse der Befestigungsbänder – Ligamentum anulare digiti, Ligamentum cruciatum digiti).

Der Tip: 1) Die Läsionsstelle läßt sich immer gut lokalisieren durch sorgfältige Palpation. 2) Oberst-Leitungsanästhesie. 3) Genau senkrechter Einstich mit spitzem Skalpell über der Läsionsstelle der Beugesehen bis aufs Os. Bei senkrecht über der Sehne stehendem Skalpell Patient auffordern, zweimal Finger zu beugen und zu strecken. 4) Steriler Verband. 5) Gipsfingerling in leichter Beugestellung über 14 Tage, anschließend Bewegungsübungen.

Die Folge: Alle meine auf so einfache Art operierten Patienten mit schnellender Sehne waren binnen drei Wochen beschwerdefrei und blieben es.

Anmerkung der Redaktion:
Hauptursache des „Schnellens" einer Sehne, meistens des Daumens, ist eine Verengung der Sehnenscheide. Lege artis wird durch einen kleinen Schnitt im Bereich der Verengung unter Sicht die verengte Sehnenscheide gespalten und damit das Schnellen beseitigt.
Die Handchirurgen werden bereits seit Jahren mit der propagierten perkutanen Methode konfrontiert und sind einhellig dagegen, da Nervenverletzungen möglich sind und durch das Hin- und Herbewegen des Fingers

zwar die Sehne längsgespalten, nicht aber die Sehnenscheide erweitert wird.
Andererseits spricht der Erfolg für die Praktikabilität der Methode. Vielleicht spielt aber auch eine gewisse Eifersucht der Handchirurgen gegenüber einer einfachen Methode eine Rolle, da sie fürchten müssen, einer erfolgreichen und auch honorarträchtigen Operation verlustig zu gehen.

✉ Dazu gab es Kritik: Anhang, 10 / Seite 239

So entfernt man Zecken

1

von cand. med. Roland Pfister, Erlangen

Das Problem: Zeckenbefall! Durch einfaches Herausziehen verbleibt der Kopf mit Beißwerkzeugen als Fremdkörper in der Bißstelle.

Der Tip: Falls nicht das übliche Vorgehen zur Entfernung möglich ist, wie Vereisen mit Chlorathyl und Vaseline oder die den Jägern eigene Art durch einen gekonnten drehenden Griff gegen den Uhrzeigersinn nicht beherrscht wird, empfehle ich einfach Öl oder Salbe, aber auch Bienenhonig, aufzutragen. Etwa nach 10-20 Minuten erstickt das Tier, da die Tracheen verschlossen werden und sich die Halteklauen des Kopfes lösen.

Die Folge: Durch die gänzliche Entfernung kommt es zu keiner eitrigen Abstoßung des Kopfes.

2

von Dr. Kurt Sauer, Arzt für Allgemeinmedizin, Rottenburg am Neckar

Das Problem: Zeckenbiß.

Der Tip: Mit einem Nobecutanspray® oder Mercofix® besprühe ich die Zecken, es kommt zum Verkleben der Tracheen, somit zum Ersticken der Zecken. Unter diesem Erstickungsanfall lockert die Zecke ihren Biß und kann mit einer Pinzette leicht und meistens in toto aus der Haut entfernt werden.

Die Folge: Exzision von Zeckenköpfen mittels Skalpell oder Punch-Stanze sind nicht mehr nötig. Minderung der Infektionsgefahr durch Zeckenbisse.

Anmerkung der Redaktion:
Mercofix ist ein Fixationsspray für die Zytodiagnostik (Laborartikel 3974 von Merck). Wie uns Dr. Sauer mitteilte, kann zum gleichen Zweck ebensogut Haarspray verwendet werden.

3

von Med.-Rat Dr. Harald Sarga, A-Spittal/Drau

Das Problem: Zeckenbiß

Der Tip: Zecken lassen sich sofort entfernen, wenn man sie mit dem Thermokauter zerstört.

Die Folge: Man zerstört auf diese Weise anscheinend auch die Viren samt Toxinen, da Fieber und regionale Lymphdrüsenschwellungen sofort sistieren.

4

von Dr. Adolf Aust, Arzt für Allgemeinmedizin und Badearzt, Nordseebad Büsum

Das Problem: Die Entfernung von Zecken erfolgt sicher und leicht, wenn man folgendermaßen vorgeht:

Der Tip: Auf die Zecke Uhu geben und eintrocknen lassen.

Die Folge: Die Zecke stirbt ab und ist mit dem gehärteten Uhu leicht zu entfernen (alte Jägerpraktik!).

5

von Dr. Parwis Helaly, Facharzt für Chirurgie, Regionalspital CH-Laufenburg

Das Problem: Zeckenentfernung nach Waldspaziergang.

Der Tip: Wenn die Zecke, mit etwas Öl betupft, nicht erstickt und sich nicht entfernen läßt, spritze ich Xylocain® (oder Kochsalz) intrakutan.

Die Folge: Die Haut spannt sich, und die Zecke spickt von selbst heraus.

6

von Dr. med. dent. R. O. Muth, Zahnarzt, Unna/Westf.

Zeckenentfernung nimmt man am einfachsten durch Aufsprayen eines Stoßes Xylocain®-Spray vor. Die Zecke läßt sich so gut entfernen.

Schlüsselbein gebrochen

von Medizinalrat Dr. Günther Pichler, Wien

Das Problem: Als Erste Hilfe bei einer Klavikularfraktur ist es das Wichtigste, das Übereinanderschieben der Frakturenden zu verhindern (Gefahr einer Pleuraanspießung!).

Der Tip: Arm der Frakturseite seitlich herabhängen lassen, der andere Arm umgreift hinter dem Rücken die Ellbogengelenkgegend des Frakturarmes und zieht diesen nach medial hinten, so daß die Klavikularfrakturenden auseinandergezogen werden. Anschließend werden Handgelenk und Arm durch eine elastische Binde verbunden.

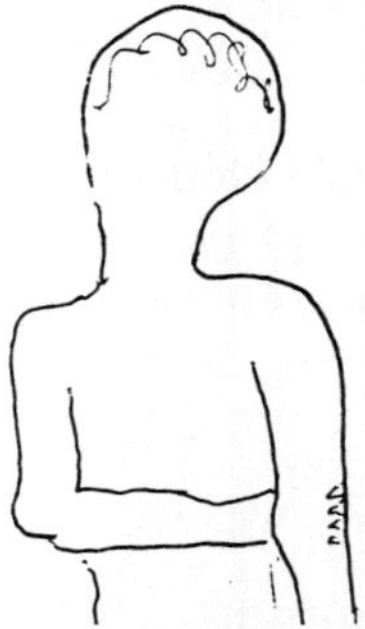

Die Folge: Der Abtransport in sitzender Stellung kann gefahrlos durchgeführt werden.

Rippe gebrochen?

von Dr. G. Giessen, Pirmasens-Fehrbach

Das Problem: Es ist fraglich, ob und wo evtl. eine Rippe gebrochen ist.

Der Tip: Geben Sie Ihrem Patienten einen halbgefüllten Eimer mit Wasser und lassen Sie ihn den Eimer mit dem Arm der kranken Seite hochheben.

Die Folge: Liegt eine Fraktur vor, verspürt der Patient einen ganz intensiven Schmerz genau an der Stelle, wo sich die Fraktur befindet. Liegt keine Fraktur vor, kann der Eimer ohne große Schmerzen gehoben werden.

Beckenbruch einfach fixiert

von Dr. Leonore Stur, Prakt. Ärztin, Wien

Das Problem: Eine 90jährige Patientin wurde nach Sturz in der Wohnung mit Beckenbruch (doppelter Schambeinbruch) nach einigen Tagen Spitalbehandlung in häusliche Pflege entlassen. Die Pflege war schwierig, da jede geringste Bewegung Schmerzen verursachte.

Der Tip: Ein üblicher Rippenbruchgürtel um das Becken geschnallt bewirkte eine Fixierung.

Die Folge: Die Patientin war weitgehend von den Schmerzen befreit.

So trägt sich die Armschlinge leichter

von Dr. Hansjürg Rey, Arzt für Allgemeine Medizin FMH, CH-Gossau

Das Problem: Die in üblicher Weise angelegte Armtragschlinge wird als unangenehm empfunden, und zwar vor allem, wenn der Arm wegen eines Gipsverbands schwerer ist. Es kommt oft zu einer schlechten Körperhaltung (BWS-Kyphose, HWS-Hyperlordose) und zu Nackenschmerzen.

Der Tip: Die Armtragschlinge wird so angelegt, daß sie vom proximalen Vorderarmabschnitt nach hinten über den Rücken und die Gegenschulter zum Handgelenk geführt wird (siehe Foto).

Die Folge: Das Armgewicht wird wie bei einer Seitentasche von der Gegenschulter und nicht vom Nacken getragen. Die Wirbelsäule wird schonender belastet und die Armtragschlinge wird als weniger unangenehm empfunden.
Das Anlegen der Schlinge auf diese Weise ist für den Patienten selbst etwas schwieriger. Dieser kleine Mehraufwand rechtfertigt sich aber im allgemeinen.

✉ Dazu gab es Kritik: Anhang, 11, 12 / Seite 243 - 245

Der Gipsverband der anpassungsfähig ist

von Dr. P. Flückiger, Spezialarzt für Chirurgie FMH, CH-Brugg

Das Problem: Das Gebot, einen ungepolsterten geschlossenen Gips bei einer frischen Verletzung oder nach einer Operation „bis auf die letzte Faser zu spalten", gehört zur chirurgischen Propädeutik. Der Gips muß aber auch gespreizt werden, weil ein zunehmender Gewebedruck einen dickeren Gips auch dann nicht mehr zu dehnen vermag, wenn er gespalten ist. Häufig wird der nachbehandelnde Kollege aufgefordert, einen gespaltenen Gips nach 8 Tagen durch Gipstouren zu schließen. Ein solcher Gips wird infolge der Weichteilatrophie in kurzer Zeit zu locker, was Fragmentdislokationen im Gips zur Folge haben kann.

Der Tip: Statt den Gips zu spalten ist es besser, einen Gipsstreifen von 2-3 cm Breite auszufräsen. Man hat dann auch keine Mühe „alles" bis auf die Haut durchzutrennen. Den ausgeschnittenen Gips kann man bequem von Hand oder mit der Spreizzange erweitern.

Die Folge: Wenn der Gips wegen der eintretenden Weichteilatrophie anfängt, locker zu werden, so kann er durch Anziehen des Idealbindenverbandes, der zum gespaltenen Gips gehört, engergestellt werden. Bei Kindern kann durch mehrmaliges Anpassen des ausgeschnittenen Gipses an den Umfang der Extremität ein frühzeitiger schmerzhafter Gipswechsel vermieden werden. Bei der Unterarmfraktur 1. cl. ist die Doppelgipsschiene (dorsale und volare Gipsschiene) mit radialem und ulnarem Abstand zum „Nachziehen" besser als der ausgeschnittene zirkuläre Gips.

Anmerkung der Redaktion:
Voraussetzung ist das Vorhandensein einer entsprechenden „Kreissäge", die übrigens durch ihren Lärm manche Patienten erschreckt. Man muß vor Anwendung dieser „Kreissäge" – eigentlich eine „Rüttelsäge", die die Haut nicht verletzen kann – die Patienten von der Ungefährlichkeit dieses Instrumentes überzeugen.

Tips zur Urologie und Gynäkologie

a) Urologische Tips

Uringewinnung ohne Katheter

von Dr. Z. N. Loisch, Facharzt für Innere Krankheiten, München

Das Problem: Uringewinnung bei der Frau.

Der Tip: Nach Reinigung zuerst einen Tampon korrekt einführen lassen und dann urinieren lassen.

Die Folge: Der Sedimentbefund wird nunmehr mit sehr großer Wahrscheinlichkeit aus dem Harntrakt (und nicht aus dem gynäkologischen Bereich) stammen. So wird das Katheterisieren in der Praxis (fast) überflüssig.

Einziger Nachteil: Trichomonaden entziehen sich auf diese Weise leicht der Diagnose, deshalb bei Verdacht erst Urinprobe ohne Tampon.

. . . bis die Blase völlig entleert ist

von Dr. H. W. Lentrodt, Bad Pyrmont

Das Problem: Beim Wasserlassen kommt es zu einem Stopp, obwohl man das Gefühl hat, daß die Blase noch nicht völlig entleert ist.

Der Tip: Oft hilft ein Reiben an den Hoden.

Die Folge: Man ist erstaunt, wieviel Urin sich teilweise in 2- bis 3maligem großen Strahlen entleert, bis man fühlt, daß die Blase leer ist.

Harnsteinprophylaxe

von Dr. H.J. Giebel, München

Das Problem: Bei Tendenz zu Nieren- oder Harnsteinen ist erhöhte Flüssigkeitszufuhr notwendig. Die Trinkmenge ist schwer zu bestimmen. Auch die Verordnung, daß täglich eineinhalb Liter ausgeschieden werden sollen, ist vage und von vielen Fakten (Sommer, Winter u.a. mehr) abhängig.

Der Tip: Der Patient kann selbst mit dem Urometer (Urinprober, kleines Modell für wenige Mark) das spezifische Gewicht zu Hause sehr einfach kontrollieren. (Es soll nicht über 1015 liegen).

Die Folge: Der Patient gewinnt Sicherheit über seine Trinknotwendigkeiten, und – weil er jetzt neue Steinbildungen vermeiden kann – macht er die Kontrolle gern.

Siebmethode bei fraglichem Steinleiden

von Dr. Hans Negri, Facharzt für Innere Krankheiten, FMH, Bern

Das Problem: Wie kann der Patient Konkremente der Harnwege auffangen, damit eine rasche Diagnose möglich ist?

Der Tip: Sofort nach jeder fraglichen Ureterkolik gebe ich dem Patienten den Rat: „Nehmen Sie aus der Küche ein Haarsieb (Milchsieb) und urinieren Sie ab sofort (auch auswärts) nur noch durch dieses Sieb. Wenn Sie dann ein kleines (oft nur stecknadelkopfgroßes) Konkrement auffangen, so bringen Sie mir dieses zur chemischen Analyse."

Die Folge: Gerade kürzlich brachte mir ein Patient mit dieser „Siebmethode" wieder ein kleines stecknadelkopfgroßes Konkrement. Chemische Steinanalyse: Kalziumoxalat-Stein.

Gestörte Miktion schnell geklärt

von Dr. Wolrad Feiber, Bad Wildungen

Das Problem: Sie sind sich bei der von Ihrem Patienten vorgetragenen Anamnese, beim Urinieren erfolge häufig eine Harnstrahlunterbrechung, nicht sicher, ob ein Prostatamittellappen, ein Blasenstein oder ein Blasentumor vorliegt.

Der Tip: Lassen Sie Ihren Patienten sofort bei einer Harnstrahlunterbrechung von einem Bein auf das andere hüpfen.

Die Folge: Falls hiernach der Strahl wieder „freigegeben" wird, handelt es sich mit einiger Sicherheit um einen Blasenstein, der zum „Ventilverschluß" der inneren Harnröhrenmündung führte. Überweisen zum Urologen ist dann in jedem Falle angezeigt.

Für Prostatiker

von Dr. G. Giessen, Pirmasens

Das Problem: Prostatiker stehen beim Wasserlassen oft lange Zeit vor dem Toilettenbecken, ohne daß sich auch bei stärkerem Drücken der Wasserstrahl zeigt.

Der Tip: Man nehme den breiten Stiel eines kalten Silberlöffels und streiche an der Innenseite beider Oberschenkel herauf und herunter.

Die Folge: Der Urinstrahl läßt nicht lange auf sich warten. Diese kleine Hilfe funktioniert prompt.

Prostata-Geheimtip

von Dr. Felix Müller, prakt. Arzt, Innsbruck

Das Problem: Restharneliminierung (hauptsächlich bei Prostatahypertrophie, noch nicht operiert).

Der Tip: Nach dem entspannten Urinieren den Penis längsziehen und halten.

Die Folge: In Kürze kommt neuerlicher Harndrang. Harn entleert sich bei gestrecktem Penis restlos (sogar mit relativ starkem Strahl). Ich erkläre mir diesen wohltuenden und sanierenden Effekt damit, daß durch das Längsziehen des Penis (der Harnröhre also) auch das adenomatöse Hindernis gestreckt wird und das Lumen freigibt, so daß sich der Restharn entleeren kann. Es kann auch sein, daß der Streckreiz die zweite Harnentleerung induziert (nerval). Ich habe diese Methode schon vielen Patienten mit bestem Erfolg empfohlen.

Ist es eine Prostatitis?

von Dr. J. Klingeberg, Urologe, Arnsberg

Das Problem: Unklare Anal- bzw. Dammbeschwerden. Die Frage ist, ob es sich um eine Prostatitis oder um eine proktologische Erkrankung handelt. Die orientierende rektale Untersuchung ist wegen starker Schmerzhaftigkeit häufig nicht möglich. Neben einer Vielzahl proktologischer Erkrankungen könnte es sich auch um eine Prostatitis handeln.

Der Tip: Die Instillation eines schleimhautwirksamen Oberflächenanästhetikums in das Rektum (z.B. eine Ampulle Instillagel®) schaltet die proktologisch bedingten Beschwerden weitgehend aus, so daß eine Palpation der Prostata, ggf. mit Massage zur Exprimatgewinnung möglich ist.

Die Folge: Erleichterte Diagnostik durch palpatorische Untersuchungsmöglichkeit der Vorsteherdrüse.

Festsitzender Dauerkatheter

von Dr. Johannes Janssen, Marienkrankenhaus, Kassel

Das Problem: Ein Dauerkatheter läßt sich nicht entfernen, weil sich die Flüssigkeit in dem Ballon nicht absaugen läßt.

Der Tip: Spritzen Sie etwa 2-3 ml Äther in den Ballonstutzen (wenn möglich bei voller Blase).

Die Folge: Nach ca. 2-3 Minuten platzt der Ballon und der Katheter läßt sich mühelos entfernen.

✉ Dazu gab es Kritik: Anhang, 13 / Seite 245

Dauerkatheter wechseln

von Dr. J. Finkernagel, praktischer Arzt, Bad Berleburg

Das Problem: Beim Wechseln von Dauerkathetern klagten die Patienten immer wieder über erhebliche Schmerzen nach dem Einführen des Katheters. Diese Schmerzen hielten etwa einen Tag an, obwohl keine Entzündung zu objektivieren war.

Der Tip: Den noch steril verpackten Katheter 15 Minuten lang vorher in warmes Wasser legen.

Die Folge: Seitdem treten überhaupt keine Beschwerden nach dem Katheterisieren auf.
Es handelt sich wahrscheinlich hier um zwei Effekte: der kalte Katheter verursacht an der Harnröhrenschleimhaut eine Mangeldurchblutung, aber auch eine reaktive Konstriktion, beides führt zu Schmerz.
Außerdem ist der angewärmte Katheter elastischer.

Katheterisieren bei verengter Urethra

von Dr. Ed. Belser, Arzt für Allgemeine Medizin FMH, CH-Egerkingen

Das Problem: Der (weiche) Ballonkatheter kann wegen einer Verengung der Urethra nicht mehr weiter vorgeschoben werden.

Der Tip: Zurückziehen des Katheters um ca. 2-3 mm, Füllen des Ballons mit ca. 2 ml Wasser. Dann wird das wasser langsam abgelassen und gleichzeitig der Katheter langsam vorgeschoben.

Die Folge: Der Katheter findet seinen Weg besser, der Katheterismus gelingt meistens.

Restharn »auspumpen«

von Dr. Erich Auer, Facharzt für innere Krankheiten, Graz

Das Problem: Miktionsbeschwerden (bei Männern) mit sehr schwachem Harnstrahl, unvollkommener Entleerung und häufig auch Nachnässen in die Unterwäsche, sofern eine organische Erkrankung ausgeschlossen ist.

Der Tip: Mit einer Hand unter dem Scrotum durchgreifen und die Mittelfingerkuppe ventral vom Anus mehrfach rhythmisch auf den Damm drücken.

Die Folge: Es gelingt, wie mit einer Pumpe in kräftigen Stößen die Blase völlig zu entleeren.

b) Gynäkologie

Scheidenspekulum: So spare ich eine Assistenz ein

von Dr. Karl-Horst Junghanns, Facharzt für Frauenheilkunde und Geburtshilfe, Städt. Krankenhaus, Lengerich

Das Problem: Bei Abrasio oder IUP-Einlage war es bisher ohne Assistenz nicht möglich, das hintere Scheidenblatt während des Eingriffs entsprechend den anatomischen Gegebenheiten isoliert zu bewegen.

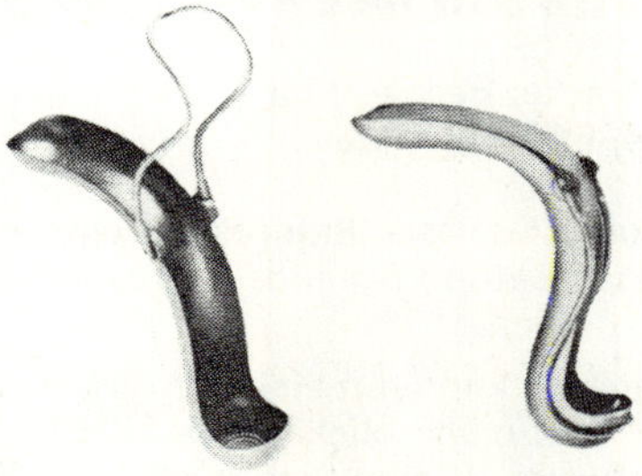

Der Tip: Anbringen eines Bügels am hinteren Blatt.

Die Folge: Da der Arzt während des Eingriffs das Spekulum selbst führen kann, ist eine bessere Übersicht bei gleichzeitiger Einsparung einer Assistenz gegeben. Bezugsnachweis des patentrechtlich geschützten Bügelspekulums: Über den Verfasser.

Abnahme des Vaginalsmears

von Dr. Ingeborg Watzeck, Wien

Das Problem: Krebsvorsorge der Frau.

Der Tip: Zur gezielten Abnahme eines Smears verwende ich grundsätzlich ein hinteres Blatt mit einem Gewicht und nehme den Abstrich von der Portio und dem hinteren Scheidegewölbe ab.

Die Folge: Verbesserte Krebsdiagnostik.

Meine Patientin soll ihre Portio sehen

von Dr. Hans J. Meske, Facharzt für Frauenheilkunde und Geburtshilfe, Frankfurt/Main

Das Problem: Kolposkopische Befunde und gar die Empfehlung, diesen Befund behandeln zu lassen verunsichern die Patientinnen.

Der Tip: Die Patientin kann mit einem ihr gereichten Spiegel selbst die Portio überblicken; hier dient das Kolposkop ausnahmsweise als gute Lichtquelle.

Die Folge: Etwa 80 % der jüngeren Patientinnen nehmen das Angebot der Selbstbeobachtung – aus verschiedenen Gründen – gern an. Man muß eine Ektopie nicht als „Geschwür", „Wunde" oder ähnlichem umschreiben. Die Zustimmung für einen therapeutischen Eingriff wird viel eher gegeben.

Anhaken der Portio: Husten lassen

von Dr. Roman P. Müller, Spezialarzt FMH für Gynäkologie und Geburtshilfe, Zürich

Das Problem: Anhaken der Portio uteri anläßlich kleiner gynäkologischer Eingriffe, wie z.B. Spiraleinlage, Hysterosalpingographie oder Pertubation, ist meistens schmerzhaft.

Der Tip: Im Moment des Anhakens der Portio mit der Kugelzange kurz husten lassen.

Die Folge: Keine Schmerzen.

Heikle Frage: Ist sie in der Menopause?

von Dr. Hanspeter Dreifuß, Arzt für Allgemeine Medizin FMH, CH-Mattern-Interlaken

Das Problem: Die letzte Periode.

Der Tip: Fragen Sie Ihre Patientin nie: „Seit wann haben Sie keine Periode mehr?" auch wenn sie vorgerückten Alters ist. Sie wird evtl. erbost antworten: „Herr Doktor, vor einer Woche. Sehe ich denn so alt aus, als hätte ich keine Periode mehr?" Fragen Sie besser: „Wann war Ihre letzte Periode?" Die Antwort kann dann lauten, vor einer Woche oder vor 10 Jahren.

Die Folge: Die Patientin wird nicht verärgert sein, und Sie müssen sich nicht entschuldigen.

Schmutzige Instrumente: Clementine fragen

von Dr. K.-H. Junghanns, Facharzt für Freuenheilkunde und Geburtshilfe, Lengerich

Das Problem: Meine Sprechstundenhilfen hatten bisher große Mühe, blinde und fleckige Instrumente (Spekula, Amnioskope usw.) zu reinigen. Selbst das sofortige Einlegen in entsprechende, von der Industrie empfohlene und teure Lösungsmittel half nur wenig.

Der Tip: Seit wir ein Waschmittel (z.B. Ariel) zur Herstellung der Lösung verwenden, sind alle Instrumente ohne Mühe und zudem preisgünstiger glänzend und sauber, bevor sie zur Sterilisation gegeben werden.

Die Folge: Kein Ärger mehr mit blinden und angelaufenen Instrumenten und zudem Kostenersparnis.

Hals-Nasen-Ohren und Augen

Den Kehlkopf spiegeln

1

von Dr. Fritz Schwerdtfeger, Facharzt für Hals-, Nasen-, Ohrenkrankheiten, Mainz

Das Problem: Insoweit nicht sofort ein direktes Laryngoskop von Wolff bei der Kehlkopfuntersuchung genommen wird und man jeweils nach Alter der Patienten den Kehlkopfspiegel von 1 bis 8 in der Größe nimmt, war mir das Anwärmen und Andrücken auf den Handrücken immer lästig und zu langwierig.

Der Tip: Seit vielen Jahren nehme ich eine Lösung von 1:1 Wasser zu Lysoform und habe nach Abtupfen auf Zellstoff einen sauberen, ziemlich lang hauchfrei bleibenden Spiegel, der außerdem noch hygienisch desinfiziert ist. Natürlich wird der Spiegel nur einmal eingetaucht, nie ein zweites Mal! Die Lösung muß jeden Tag neu angesetzt werden. Es genügt die Menge eines halben Wasserglases. Bei der Besuchsfahrt sind alle meine Kehlkopfspiegel hauchdünn mit einer Seifenlösung eingerieben.

Die Folge: Beim In-den-Mund-Halten werden die trüben Spiegel völlig klar und lassen ein ausreichendes Spiegeln mit ein oder zwei Spiegeln zu. Trotzdem habe ich in meinem Besuchskoffer immer ein Stück Kernseife dabei, denn hier kann man ja z.B. eine Lysoformlösung nur schwer mitschleppen, ohne daß einem diese ausläuft. Falls die Zunge des Patienten an Lysoform oder Seife kommt, ist der etwas scharfe Geschmack jederzeit mit dem Wort Desinfektion zu erklären.

✉ Dazu gab es Kritik: Anhang, 14 / Seite 246

2

von Dr. Hans-Joachim Weiche, Facharzt für Hals-Nase-Ohren, Hannover

Das Problem: Das umständliche Erwärmen des Kehlkopfspiegels zur Laryngoskopie meist durch Flamme oder Heizspirale.

Der Tip: Ein Standgefäß mit Wasser und etwas Küchenentspannungsmittel steht auf dem Instrumententisch bereit. Der mit der Lösung benetzte Spiegel beschlägt nicht im Rachen des Patienten.

Die Folge: Schnelle Verfügbarkeit eines präparierten Kehlkopfspiegels führt zum leichteren Entschluß, eine Spiegelung des Kehlkopfes wirklich durchzuführen.

3

von Dozent a.D. Dr. F.-J. Mayer, Facharzt für Hals-, Nasen- und Ohrenkrankheiten, Wien

Das Problem: Enge Glottis, durch Engstellung der Stimmlippen verwehrter Einblick in die Trachea.

Der Tip: Zehnmalige Kniebeuge des Patienten.

Die Folge: Glottis maximal erweitert.

Racheninspektion

1

von Dr. G. Giessen, Arzt für Allgemeinmedizin, Pirmasens-Fehrbach

Das Problem: Viele Menschen lassen sich wegen des starken Würgereizes mit dem Mundspatel nicht gern in den Hals schauen, schon gar nicht mit dem Metallspatel.

Der Tip: Auch bei Kindern hat sich bewährt, wenn man „hechelt" wie es der Hund zu tun pflegt. Man muß dem Patienten vormachen, wie ein Hund „hechelt".

Die Folge: Der Würgereiz bleibt aus, und man kann ungestört den Rachenraum inspizieren.

2

von Dr. Dietrich van Rensen, praktischer Arzt, Meersburg

Das Problem: Würg- und Brechreiz bei Racheninspektion.

Der Tip: Patient den Mund öffnen und tief einatmen lassen, beim Ausatmen den Spatel in den Mund einführen.

Die Folge: Kein Brech- und Würgereiz, die Untersuchung wird selbst von empfindlichen Patienten fast als angenehm empfunden; gute Inspektionsmöglichkeit.

Wenn der Spatel stinkt

von Dr. Heinrich Schrooten, Moers, Facharzt für Haut- und Harnkrankheiten

Das Problem: Sie sind sich über die Diagnose einer chronischen Tonsillitis unsicher.

Der Tip: Nehmen Sie einen Metall-Mundspatel (nicht Holz), streichen Sie damit über die Tonsille, daran riechen.

Die Folge: Stinkt es: = chronische Tonsillitis. Stinkt es nicht, ist es vielleicht nur eine Hypertrophie.

Diagnose Sinusitis schnell gesichert

von Dr. M. P. Taylor, Sheringham

Das Problem: Sie sind über die Diagnose einer Sinusitis unsicher.

Der Tip: Lassen Sie den Patienten hochhüpfen, so daß er auf den Fersen wieder „landet".

Die Folge: Wird durch die Erschütterung Schmerz ausgelöst, steht die Diagnose fest.

Sinusitis schnell geklärt

von Dr. E. Bonnet, Facharzt für Kinderheilkunde, Reutlingen

Das Problem: Verdacht auf Sinusitis maxillaris.

Der Tip: Ein kleiner Praxisraum läßt sich als Dunkelkammer benutzen; mit einem Doppeldiaphanoskop, welches der Patient in den Mund nimmt, kann ich sofort den Verdacht bestätigen oder widerlegen. (Aus hygienischen Gründen habe ich mir mehrere Plastik-Reagenzgläser auf Aufsteck-Kappenlänge gekürzt, so daß der Schutz über den Glühbirnchen rasch gewechselt werden kann.)

Die Folge: Einsparung der Röntgenuntersuchung!

✉ Dazu gab es Kritik: Anhang, 15 / Seite 246

Schneuzen »nach Bauernart«

von Dr. Rudolf Wegmann FMH, Innere Medizin, CH-Gockhausen

Das Problem: Allzuoft wird die einen Schnupfen begleitende Kieferhöhlenentzündung mit vielfachen Spülungen behandelt. Der Verlauf ließe sich oft mittels der einfachen Methode abkürzen: „Schneuzen nach Bauernart" (a la Paysanne).

Der Tip: Nach Abschwellen der Nasenschleimhaut mit entsprechendem Gel, Spray oder Tropfen wird der Kopf

seitlich horizontal gehalten. Dies ermöglicht den Sekretabfluß aus der oberen Nasenhälfte und der entsprechenden Kieferhöhle. Die untere Nasenhöhle wird durch Druck des gleichseitigen Zeigefingers auf den Nasenflügel verlegt. Bei geschlossenem Mund wird mittelstark bis stark ausgeatmet. Der Sog der schnell vorbeistreifenden Luft zieht Sekret aus der oberen Nasenhöhle und der gleichseitigen Kieferhöhle, man staunt oft ob der großen Menge. Ist die andere Kiefernhöhle ebenfalls erkrankt, wird das Procedere in umgekehrter Stellung wiederholt. Zum Auffangen des Sekretes eignen sich Textilien, Papiertaschentücher oder Gefäße, auf was der Bauer allerdings verzichten kann.
Eine solche Art des „Schneuzens" scheint mir auch für den banalen Schnupfen zweckmäßig, weil es physiologisch ist und weniger zu Komplikationen führt. Im Gegensatz dazu werden beim gewöhnlichen „Schneuzen" beide Nasenausgänge eingeengt, so daß das oft bakteriell besiedelte Sekret in die Nebenhöhle gepreßt wird (Überdruck!).

Die Folge: Bei richtigem Schneuzen weniger Nebenhöhlenentzündungen, raschere Ausheilung derselben. Die Kieferhöhlenspülung wird seltener notwendig. Sie bleibt jedoch beim Empyem indiziert.

Dazu gab es Kritik: Anhang, 16 / Seite 247

Behinderte Nasenatmung: So kann man's dem Patienten zeigen

von Dr. J. Baumann, Arzt für HNO-Krankheiten, Monheim

Das Problem: Der Patient klagt über behinderte Nasenatmung.

Der Tip: Durch Aufforderung des Patienten, gegen einen vor die Nase gehaltenen Taschenspiegel ohne forcierte Atmung zu atmen, gewinnt man durch den zu beobachtenden Atembeschlag einen guten Anhalt über den Grad der Nasenatmungsbehinderung.

Die Folge: Es lassen sich mit dieser einfachen Methode selbst für den Patienten erkennbare Aussagen machen. Besonders bei Kleinkindern, die sich zur Kontrolle auf Nasenrachenpolypen nicht ausreichend spiegeln lassen, kann ohne großen Aufwand das Vorliegen von Adenoiden vermutet werden. Ferner wird der Verdacht auf Choanalverschlüsse, Nasenpolypen, Fremdkörper, Septumdeviationen und Nasenmuschelhyperplasien ein- oder beidseitig erhärtet.

Gegen Nasenbluten

1

von Dr. Hanspeter Dreifuss, Arzt für Allgemeine Medizin FMH, CH-Matten-Interlaken

Das Problem: Blutstillung bei Nasenbluten (Epistaxis).

Der Tip: Ein Tampax oder ein anderer Tampon kann quer und evtl. auch zusätzlich längs durch Scherenschnitt gekürzt werden und dann leicht in ein oder besser beide Nasenlöcher eingeführt werden. Durch beidseitige Tamponade erfolgt Druck auf die elastische knorpelige Nasenscheidewand und Kompression der meist am Septum liegenden Blutungsstelle. Tampax oder andere Tompons sind sehr saugfähig, lassen sich leicht schneiden, in die Nase einführen und wieder entfernen.
Es wird wohl kaum jemand vergessen, das Tampaxschnürchen abzuschneiden!

Die Folge: Die Blutung kommt rasch zum Stehen!

2

von Dr. E. Demmler, Facharzt für Chirurgie, Bruchsal

Das Problem: Nasenbluten.

Der Tip: Bei Nasenbluten den Mund weitgehend entspeicheln, ein ca. briefmarkengroßes saugfähiges Stück Papier (Löschpapier, Toilettenpapier oder Tempotuch) unter die Zunge legen und dieses ruhig liegen lassen (ca. 1/2 Min.).

Die Folge: In fast allen Fällen steht die Nasenblutung. Bisher konnten mir auch Fachleute über den Wirkungsmechanismus keine befriedigende Auskunft geben, möglicherweise kommt es durch die Saugwirkung des Papieres zu einer reflektorischen Gefäßkontraktion im Nasenbereich.

Cerumenentfernung: Water-Pik

von Dr. W. Oesterle, praktischer Arzt, Mehrstetten

Das Problem: Cerumenentfernung ist mit den herkömmlichen großen Glasspritzen zeitraubend, für Arzt und Patient lästig und nicht ungefährlich (z.B. kann die Spritze zu Bruch gehen, können Schraubteile nicht festsitzen).

Der Tip: Wir verwenden jetzt ein Water-Pik-Gerät (Munddusche); damit kann rasch, gefahrlos und immer erfolgreich mit individuell dosierbarem Wasserstrahl, dessen Druck stufenlos zu regulieren ist, der Cerumenpropf entfernt werden, selbst bei Kindern.

Das Ergebnis: Zeitersparnis, erhöhte Sicherheit, größerer Erfolg.

Akuter Hörsturz: Das half – Zufall?

von Dr. Walther Camerer, Wertheim

Das Problem: Zwei Patienten mit akutem Hörsturz wurden trotz sofortiger klinischer Einweisung mit wochenlanger Infusionsbehandlung dort ohne Erfolg entlassen.

Der Tip: Ich versuchte es bei diesen Patienten mit intramuskulären Injektionen von Cerebrolysin®.

Die Folge: Nach der 5. bzw. 8. Injektion von Cerebrolysin 5,0 i.m. in zweitägigen Abständen hörte die Patientin wieder wie zuvor, der zweite Patient jetzt Umgangssprache in 1,5 m. Insgesamt bekamen beide Patienten 15 Injektionen. Zufall? Therapieerfolg? Bei der bisherigen Aussichtslosigkeit zur Nachprüfung empfohlen.

Ohrspülen vereinfacht

von Dr. G. Giessen, Pirmasens

Das Problem: Ohrspülen ist oft nicht einfach, weil die Ansätze der üblichen Ohrspülgeräte meist ziemlich unförmig sind.

Der Tip: Ich nehme eine 10- oder 20-ml-Recordspritze und ziehe über den Konus ein Ventilgummi, wie bei Fahrradschläuchen üblich.

Die Folge: Das Ohrenschmalz wird neben dem gut beweglichen Ventilgummi schnell und zuverlässig herausgespült. Man kommt auch gut in Gehörgänge, die anatomisch nicht wie üblich verlaufen.

Sichere Spülung des Gehörganges

von Dozent Dr. Franz-Joseph Mayer, Facharzt für Hals-, Nasen- und Ohrenkrankheiten, Wien

Das Problem: Die Spülung des Gehörganges mittels Spritze mit starrem Ansatz kann bei abrupten Kopfbewegungen des Patienten, gestörtem Gleiten des Spritzenstempels oder unruhiger Hand des Arztes zur Verletzung des Gehörganges, ja auch zum Durchstoßen des Trommelfelles führen.

Der Tip: Der Daumen der die Ohrmuschel nach hinten oben ziehenden Hand wird abgestützt und an den Boden der Spritze angedrückt.

Die Folge: Ein ungewolltes Tiefereintreten des Spritzenansatzes wird verhindert und so eine Verletzung von Gehörgang oder Trommelfell vermieden.

Augen

Diabetische Gefäßveränderungen einfach festgestellt

von Dr. Gerhard Martin, Wiesbaden

Das Problem: Bestehen schon diabetische Gefäßveränderungen (Schlängelung, Kaliberschwankungen, Mikroaneurismen)?

Der Tip: Betrachten Sie die Konjunktivalgefäße mit dem Kolposkop.

Die Folge: Sie ersparen dem Patienten die Pupillenerweiterung (zur Spiegelung des Augenhintergrundes) und sich die Abdunkelung des Raumes bzw. das Aufsuchen der Dunkelkabine.

Ist die Hornhaut verletzt

von Dr. E. Fintelmann, Leutkirch

Das Problem: Oftmals haben Patienten mit Fremdkörpern unter den Lidern nach deren Entfernung noch Schmerzen und Fremdkörpergefühl.

Der Tip: Ein Tropfen Fluoreszeinlösung in den Bindehautsack getropft ermöglicht die Feststellung ob der entfernte Fremdkörper eine Hornhautverletzung hervorgerufen hat, da diese durch das Fluoreszein gelblich grünlich angefärbt wird.

Die Folge: Wenn nur dort eine Hornhautverletzung besteht, wo der Fremdkörper entfernt wurde, kann man dem Patienten erklären, warum auch nach der Entfernung des Fremdkörpers das Fremdkörpergefühl noch einige Zeit erhalten bleiben wird, und man kann mit Tropfen oder Salben die Beschwerden bessern.
Durch den Test läßt sich somit differenzieren zwischen einem weiteren Fremdkörper, einer Hornhautwunde und einem nicht vollständig entfernten Fremdkörper.

Bei nervösen Sehstörungen

von Dr. Rupert Witzmann, Facharzt für Augenkrankheiten, Puchheim

Das Problem: Oft beklagen sich Patienten, die schon durchuntersucht wurden, weiterhin über asthenopische Symptome, die schwer zu beeinflussen sind. Vielfach liegt dann einfach eine Überempfindlichkeit oder eine Verspannung der Augenmuskulatur vor, die letztlich auf einer vegetativen Fehlsteuerung beruht.

Der Tip: Nach Ausschluß einer Augenerkrankung hat es sich mir bewährt, mit einem Neuroleptikum in niedrigster Dosierung z.B. 1 Dragee Omca® täglich, eine 10tägige Behandlung durchzuführen. Um gleichzeitig der auf das Auge gerichteten Psychologie dieser Patienten gerecht zu werden, verordne ich außerdem für 20 Tage Digitalis-Augentropfen in folgender Dosierung: 2mal tägl. 1 Tropfen bds.

Die Folge: Dieses Zusammenspiel zwischen neuroleptischer und Organbehandlung ergab in den letzten Jahren bei mehreren hundert Patienten recht zufriedenstellende Erfolge.

So wird subkonjunktival injiziert

von Dr. Enno Heyken, Facharzt für Augenkrankheiten, Stade

Das Problem: Es soll am roten Auge sukonjunktival injiziert werden (erforderlich wird dies beispielsweise bei Regenbogenhautentzündungen). Dabei besteht immer die Gefahr, daß ein Gefäß rupturiert und die Bindehaut unterblutet. Am Arm nimmt der Patient einen blauen Fleck notgedrungen hin, ein schwarz-rot verfärbtes Auge dagegen stimmt ihn mit Recht ärgerlich.

Der Tip: Einen Tropfen Adrenalin-haltige Augentropfen eine Minute vor der Injektion ins Auge geben (gewisse Vorsicht beim Engwinkelglaukom!)

Die Folge: Es kommt zu einer erheblichen Vasokonstriktion der konjunktivalen Blutgefäße. Der Bulbus wird weiß. Die Gefahr, bei der subkonjunktivalen Injektion ein Gefäß zu verletzen, ist nun erheblich gemindert.

Keratitis sicca schnell erkannt

von Dr. E. Fintelmann, Leutkirch

Das Problem: Die schnelle Diagnose einer Keratitis sicca und exakte Beurteilung des Schweregrades und des Therapieverlaufs.

Der Tip: Eine 10prozentige Bengalrosa-Lösung wird in das mit den üblichen Mitteln voranästhesierte Auge gegeben. Sofort färben sich abgestoßene Epithelzellen, Schleim und degenerierte Epithelzellen in der Hornhaut und der Bindehaut kräftig rot an. Eine vorherige Anästhesierung ist notwendig, da 10prozentiges Bengalrosa eine Schmerzempfindung am normalen Auge auslöst. Man achte auch darauf, daß nicht zuviel Bengalrosa installiert wird, da sich sonst leicht die Lider rosa anfärben können.

Die Folge: Dieser Test ist schneller als der Schirmer-Test und erlaubt zudem eine genaue Beurteilung des Hornhaut- und Bindehautschadens.

Ratschläge für Patienten

Nasenbluten telefonisch gestillt

von Dr. Ernst Bauer, CH-Landquart

Das Problem: Nasenbluten.

Der Tip: Drücken Sie mit Daumen und Zeigefinger die Nasenspitze zusammen, und zwar unmittelbar vor Beginn des Nasenknochens. Halten Sie hierbei den Ellbogen himmelwärts, so daß die ganze Fläche entlang dem Nasenknochen zusammengedrückt wird.

Die Folge: Etwa in 19 von 20 Fällen steht die Blutung. Der Patient macht dies – auf unsere telefonische Anweisung hin – selber. Hat mir manchen Nachtbesuch erspart!

✉ Dazu gab es Kritik: Anhang, 17 / Seite 248

Zuviel Durst?

von Dr. S. P. Elbers, Arzt für Allgemeinmedizin, Salzgitter

Das Problem: Klagen über Durst und trockenen Mund (ohne path. Erscheinungsbild).

Der Tip: Ich empfehle meinen Patienten, keine Bonbons zu lutschen, sondern statt dessen kalorienlose Kirschkerne im Mund zu behalten.

Die Folge: Auf diese Weise läßt sich eine Sekretion der Speicheldrüsen anregen und der Durst vermeiden. Schon die alten römischen Soldaten hatten auf langen Durststrecken einen Kieselstein im Mund.

Laienhilfe bei Lungenödem

von Dr. Eva Maria Kirchmeyer, Neuß

Das Problem: Drohendes Lungenödem.

Der Tip: Venöse Stauung an beiden Oberschenkeln anlegen (innerer Aderlaß).

Die Folge: Schnelle Entlastung des Lungenkreislaufs ohne Blutverlust. Die Maßnahme kann – da sich der Zustand bei dem Herzkranken meist wiederholt – auch von angelernten Angehörigen vor Eintreffen des Arztes durchgeführt werden und bedeutet eine außerordentliche Beruhigung des durch die Lebensbedrohung verängstigten Patienten und der sonst hilflosen Angehörigen.

Gegen Tetanie

von Dr. Rudolf Schopf, Stabsarzt, Gerbrunn

Das Problem: Einfache Behandlung eines normokalzämischen, hyperventilierenden Patienten, wenn kein Plastikbeutel zur Verfügung steht oder vom Patienten die Atmung in einen Plastikbeutel abgelehnt wird.

Der Tip: Den Patienten auffordern, die Luft so lange wie möglich anzuhalten oder so langsam wie möglich zu atmen.

Die Folge: Durch vermindertes Ausatmen von CO_2 sinkt der pH-Wert im Blut. Da bei niedrigem pH-Wert mehr Kalzium gelöst vorliegt als bei hohem, steigt die wirksame Kalziummenge im Blut an. Parästhesien und Muskelzuckungen verschwinden.

Epicondylitis: Heißes Kochsalzbad

von Dr. Gerhard-Maria Feldzahn, Bad Mergentheim-Löffelstelzen

Das Problem: Die Behandlung hartnäckiger Epicondylitiden.

Der Tip: Verordnen Sie recht heiße Kochsalzbäder (eine Handvoll Salz auf ein Waschbecken).

Die Folge: Die oft schwierige Therapie der Epicondylitis wird durch diesen kleinen Trick sehr gut unterstützt und der Patient gibt oft schon am zweiten Tag eine Besserung an.

Pulsbremse für Alterssportler

von Dr. Otto Kuhnle, Facharzt für innere Krankheiten, Schwäb. Gmünd

Das Problem: Alterssportler oder Patienten in der Rehabilitation nach Herzinfarkt sollen beim körperlichen Training (Langlauf, Skilanglauf, Bergsteigen) nicht über einen Puls von 120-140/Min. (d.h. noch unterhalb des submaximalen Bereiches) belastet werden.

Der Tip: Der Sportler oder Patient atmet bei der Belastung durch die Nase. Bekommt er nicht mehr genügend Luft durch die Nase und beginnt mit der Mundatmung, verlangsamt er das Tempo oder macht eine Pause, bis er wieder mit der Nasenatmung genügend Luft bekommt.

Die Folge: Eine Gefährdung des Alterssportlers oder des Rehabilitationspatienten wird vermieden. Der Puls bleibt je nach Alter des Patienten in dem Bereich zwischen 120-140/Min.

Pillenschlucken: Reflex ausnutzen

von Dr. Wilhelm Habenicht, Prakt. Arzt i.R.
Velden

Das Problem: Wie gelingt das Schlucken von Dragees oder Tabletten zuverlässig ohne Hilfsmittel?

Der Tip: Das Geheimnis liegt am Scheitel der Zunge. Kommt ein körperliches Element auf die vordere (labiodentale) Hälfte der Zunge, also vor den Scheitelpunkt ihrer Krümmung, wird es reflektorisch wieder zurückexpediert. Kommt es auf die rückwärtige Hälfte, also hinter oder auch nur auf den Scheitelpunkt der Zunge, wird es reflektorisch augenblicklich verschluckt. Der Reflex und die Trennung sind so verläßlich, daß sie auch bei Kindern prompt funktionierten. Mund aufmachen, Zunge heraus. Dragee auf die rückwärts gekrümmte Partie der Zunge fallen lassen, und weg ist es. Nicht einmal Wasser ist dafür nötig.

Die Folge: Zeitgewinn und bei Kindern Hebung des Selbstvertrauens.

Alte Diabetiker: So lernen sie spritzen

von Med.-Rat Dr. Lothar Scholz, praktischer Arzt, A-Strasshof

Das Problem: Alte, alleinstehende Diabetiker, bei denen die Tablettenmedikation versagt hat, werden im Krankenhaus auf Insulin umgestellt, wobei es oft nicht gelingt, ihnen das Selbstinjizieren beizubringen.

Der Tip: Krempeln Sie sich ihre Hemdsärmel auf und lassen Sie sich vom Patienten zwanzigmal in den Oberarm stechen.

Die Folge: Der Patient verliert die Scheu vor dem „Stechen ins Lebendige" besser als beim Üben mit Schaumstoff.

Anmerkung der Redaktion:
Nur zu empfehlen, wenn Sie nicht zu viele alte Diabetiker auf Insulin einstellen müssen.

✉ Dazu gab es Kritik: Anhang, 18 / Seite 250

So können Sehbehinderte Insulin spritzen

von Dr. Karsten Ruprecht, Arzt, Leonberg-Stuttgart

Das Problem: Sehbehinderte Diabetiker können sich selbst nur schlecht die exakte Insulindosis aufziehen.

Der Tip: Man zieht das Insulin für bis zu einer Woche im voraus in Einmalspritzen auf und läßt die Spritzen im Kühlschrank des Patienten aufbewahren; die Kanülen befinden sich selbstverständlich in den Schutzhülsen. Die Diabetiker brauchen die Spritze dann nur noch aus dem Eisschrank herauszuholen und zu injizieren, was man auch bei starker Retinopathie kann.

Die Folge: Die Patienten sind samstags und sonntags nicht auf die Gemeindeschwester angewiesen.

✉ Dazu gab es Kritik: Anhang, 19 / Seite 251

Diabetikern die Diät erleichtern

von Dr. Peter Hildebrandt, Arzt für Allgemeinmedizin, Edemissen

Das Problem: Gesellige Diätpatienten sind oft in dem Dilemma, entweder auf die Geselligkeit oder auf die Diät verzichten zu müssen.

Der Tip: Gewinnen Sie die (gesunden) Gastgeber! Als Hausarzt neben den Müttern auch die Großmütter. Als Landarzt zum Beispiel die Damen vom örtlichen Roten Kreuz. Wenn deren mit Austauschzucker oder Süßungsmittel selbstgebackener Diabetikerkuchen auf dem nächsten Seniorentreffen allen schmeckt, haben Sie für Ihre Zuckerkranken verständige Gastgeber gewonnen.

Die Folge: Erleichterte Einhaltung der Diät.

Blasen an den Händen schnell verschwunden

von Dr. Anton Gneisz, Praktischer Arzt, A-Bad Vöslau

Das Problem: Sie haben sich bei ungewohnter Gartenarbeit Blasen an den Händen geholt.

Der Tip: Geben Sie sofort Flexurat®-Gel oder ähnliches darauf und arbeiten Sie nicht mehr weiter.

Die Folge: Innerhalb weniger Stunden sind die Blasen wieder verschwunden.

Blasen am Fuß beseitigt

von Dr. U. Dembowski, Bad Nauheim

Das Problem: Man hat sich eine Blase gelaufen.

Der Tip: Man beseitigt sie auf die entgegengesetzte Art, wie man sie z.B. mit Kanthariden erzeugt. Sofort ein wasserfestes Hansaplast-Strip ganz stramm über die Blase kleben!

Die Folge: Über Nacht ist die Haut wieder angesaugt und die Blase weg.

Für diese Patienten Einmalhandschuhe

von Dr. D. Krumm, Facharzt für Hautkrankheiten, Karlsruhe

Das Problem: Erfahrungsgemäß und zweckmäßigerweise werden Externa von den Patienten mit einzelnen Fingern bzw. mit der ganzen Hand zu den Behandlungsstellen gebracht, an welchen die Wirkung erzielt werden soll.

Der Tip: Da es Stoffe gibt, deren Wirkung nur am Wirkort erwünscht ist, wie z.B. hochpotente fluorierte Kortikoide oder lokale Zytostatika (z.B. 5-Fluoro-uracil®), verordne ich im allgemeinen, besonders wenn eine längere Therapiedauer erforderlich ist, zusätzlich Einmalhandschuhe.

Die Folge: Finger bzw. Hände werden geschützt, und es wird verhindert, daß nach weniger sorgfältiger Reinigung der Hände andere Körperstellen mit den Substanzen kontaminiert werden. Diese Verordnung ist für die Kasse ohne weiteres zumutbar, da sie unvermeidliche akute Komplikationen bzw. chronische Spätschäden verhindert.

Pektangina: Warmes Armbad

von Dr. Gerhard-Maria Feldzahn, Bad Mergentheim-Löffelstelzen

Das Problem: Nachts auftretende pektanginöse Beschwerden.

Der Tip: Raten Sie dem Patienten, am Abend ein warmes Armbad (unblutiger „Aderlaß“) zu nehmen.

Die Folge: Die Anfälle treten weniger häufig auf und verlaufen leichter.

Orthostase: Bouillon hilft

von Dr. Gerhard-Maria Feldzahn, Bad Mergentheim-Löffelstelzen

Das Problem: Ihr Patient leidet an orthostatischen Kreislaufbeschwerden.

Der Tip: Raten Sie ihm, am frühen Vormittag eine scharf gesalzene Bouillon zu sich zu nehmen.

Die Folge: Der Erfolg ist überraschend, und die Wirkung ist besser und nachhaltiger als die einer starken Tasse Kaffee.

Hausmittel gegen Diarrhö

von Dr. G. M. Feldzahn, Bad Mergentheim-Löffelstelzen

Das Problem: Diarrhöen (vor allem bei Kindern).

Der Tip: Ich empfehle immer noch, abends einen geriebenen sauren Apfel an Stelle von Chinolin o.ä. Derivaten.

Die Folge: Die Pektinstoffe quellen im Darm und beheben die Durchfälle sehr bald.

Bei Hexenschuß selbst massieren

von Dr. Rudolf Wegmann, FMH innere Medizin, CH-Gockhausen

Das Problem: Lumbalgie.

Der Tip: Einfach und gut wirksam ist die Selbstmassage der schmerzhaften Paravertebralmuskulatur mit den „Knödli", d.h. den Grundgelenken der Finger bei geballter Faust. Der Patient selbst wird fähig sein, die Art der Bewegung, die Intensität und die Dauer der Massage zu bestimmen. Es können gleichzeitig Salben oder Linimente zur Anwendung gelangen. Es sind beide Hände gleichzeitig zu benutzen.

Die Folge: Linderung der Beschwerden.

Muskelverspannung: Heiße Dusche

von Dr. Gustav Skreiner, Distriktsarzt, A-Puch

Das Problem: Viele Patienten leiden unter Verspannungen der Muskulatur der Halswirbelsäule und des Schultergürtels.

Der Tip: Morgens und abends heißes Duschen mit scharfem Strahl auf Hinterkopf, Nackengegend und Schultern ca. 5 Minuten lang.

Die Folge: Weitgehende Besserung der Beschwerden durch bessere Durchblutung und Lockerung der Muskulatur ohne Medikamente.

Kopf- und Filzläuse: Haarspray schafft sie alle!

von Dr. K. Hünten, Raunheim

Das Problem: Läuse jeder Art.

Der Tip: Mehrere Tag Haarspray anwenden, so lange bis alle Nissen geschlüpft sind. Die Haare Strähne für Strähne besprühen, damit das Spray auch die Kopfhaut erreicht.

Die Folge: Abhilfe ohne Unverträglichkeit (auch bei Zimmerpflanzen erfolgreich). Ich wende diesen Trick bereits seit 15 Jahren erfolgreich an.

Tomatenpflanze gegen Mückenstich

von Dr. Rudolf Ferrari, praktischer Arzt, Laudenbach/Bergstraße

Das Problem: Mückenstiche im Schlafzimmer.

Der Tip: Tomatenpflanze auf die Fensterbank stellen.

Die Folge: Keine Mücke fliegt über die Duftbarriere der Tomatenpflanze ins Zimmer, außerdem Tomatenernte (aber reichlich wässern und gelegentlich düngen!).

Allergien durch BH-Clips

von Dr. Irmgard Bischof, Ärztin für Allgemeinmedizin, Saulgau

Das Problem: Viele Frauen bekommen von den Metall-Verstellern an den Büstenhaltern durch Reibung und Allergie eine häßliche Braunverfärbung an den Pektoralisansätzen.

Der Tip: Gleich bei neuen BH's die gewünschte Länge einstellen und die Metall- oder Plastik-Trägerversteller herausnehmen und den Träger festnähen.

Die Folge: So vermeidet man Reibungsstellen und häßliche Allergien.

Stützstrümpfe problemlos anziehen

von Dr. Jörn Pankow, Facharzt für Innere Medizin, Flensburg

Das Problem: Patienten mit varikösem Symtomenkomplex – häufig alt und zusätzlich mit anderen Gebrechen behaftet – klagen häufig über größte Schwierigkeiten beim Anziehen von verordneten Stützstrümpfen.

Der Tip: Unter die Stützstrümpfe Nylonstrümpfe anziehen.

Die Folge: Problemloses Anziehen von Stützstrümpfen.

So werden meine Therapie-Empfehlungen »idiotensicher«

von Dr. E. Bonnet, Facharzt für Kinderheilkunde, Reutlingen

Das Problem: Bestimmte Diätanweisungen und therapeutische Hinweise müssen in der Praxis immer wieder gegeben werden.

Der Tip: Ich habe mir dieselben drucken lassen oder auf eine Adressetten-Karte geschrieben und abgezogen.

Die Folge: Zeitersparnis für mich und gesicherte Therapie beim Patienten.

Kurzinformationen im Wartezimmer

von Dr. Peter Mohr, prakt. Arzt, Hilders

Das Problem: Gesundheitserziehung der Patienten.

Der Tip: Informationswand im Wartezimmer mit prägnanten Kurzinformationen: z.B. 11 Punkte bei chron. Verstopfung, zur Raucheraufklärung, zur Kalorienreduktion, für Selbstpalpation der Mamma, Impfplan für Kinder, Broschüren zur Behandlung des Diabetes mellitus, der Adipositas, der Hypertonie, bei Wirbelsäulenbeschwerden und zur Herz-Kreislauf-Prophylaxe. Des weiteren politische Aufklärungsschriften z.B. für die Europawerbung, Sammelanzeige für Gebrauchtbrillen für die Entwicklungshilfe etc.

Die Folge: Statt ermüdender Einzelaufklärung im Sprechzimmer kann ich Patienten auf diese Informationen im Wartezimmer hinweisen, die sie jedoch oft schon selbst durchstudiert haben. Auch dadurch werden die Wartezeiten sinnvoll verkürzt.

So halte ich Vorträge

von Dr. E. Bonnet, Facharzt für Kinderheilkunde, Reutlingen

Das Problem: Ich bin sozial engagiert und halte gerne auch mal einen Vortrag vor Laien, um das Gesundheitsbewußtsein zu wecken. Wie kann man solche Vorträge attraktiv gestalten?

Der Tip: Seit vielen Jahren fotografiere ich (auf Dia) Karikaturen über Medizin, Erziehung, Schule usw. sowie Krankheitsbilder und sortiere sie nach Themengruppen (z.B. Fernsehen, Sexualerziehung, Schülerstress usw.) ein.

Sinn: Bei Vorträgen oder Elternabenden kann man ein trockenes Referat ausschmücken und Kritik auf angenehme Weise vorbringen.

Anmerkung der Redaktion:
Vorsicht! Wer das einmal getan hat, muß vielleicht öfter Vorträge halten.

Ihr Patient raucht zuviel?

von Dr. Kurt Samuel, Berlin

Das Problem: Sie wollen einem Patienten die schwerwiegenden Folgen seines Zigaretten- oder Alkoholkonsums deutlich vor Augen führen.

Der Tip: Man frage beiläufig nach der Menge der täglich gerauchten Zigaretten, der Menge an Bier oder Schnäpsen. Gewöhnlich meint der Patient dann: 20 oder 30 Zigaretten oder 6 Flaschen Bier täglich „seien doch nicht schlimm", dann multipliziert man die tägliche Anzahl mit dreißig und stellt so den Monatskonsum fest.

Die Folge: Diese Zahl, im obigen Fall also 600 oder 900 Zigaretten bzw. 180 Flaschen Bier – imponieren viel mehr und geben zumindest zu Überlegungen der Einschränkung Anlaß.

Raucherentwöhnung

von Dr. Klaus Maertens, Seeshaupt

Das Problem: Entwöhnungsgespräche mit Kettenrauchern.

Der Tip: Weisen Sie Männer auf die Potenzminderung hin und Frauen auf den mieseren IQ bei ihren evtl. Kindern.

Die Folge: Sie sparen eindrucksvoll Zeit.

Patienten schnell informiert

von Dr. Klaus Franke, Facharzt für Innere Krankheiten, Bad Teinach

Das Problem: Sie sollen den Patienten über seinen Befund informieren – darauf hat der mündige Patient Anspruch – wo aber nehmen Sie die Zeit dazu her?

Der Tip: Sie diktieren den Befundbericht an den überweisenden Kollegen in Anwesenheit des Patienten auf Band.

Die Folge: Die Information des Patienten kostet Sie keine Minute zusätzliche Zeit, und ganz nebenbei lernen Sie es, sich so auszudrücken, daß es auch der Nicht-Arzt versteht.

Jedem Patienten einen Denkzettel

von Dr. F. Sokolowski, Specjalista chorob skornych, Warschau

Das Problem: Gesundheitserziehung der Patienten.

Der Tip: Ich habe in meiner dermatovenerologischen Praxis zu einer ganzen Reihe von Krankheiten Merkblätter vorrätig, u.a. zur Akne vulgaris, Tinea pedis, Psoriasis, Krätze, Varikosis, GO. Lues etc. Der Patient erhält zusammen mit dem Rezept „sein" passendes Merkblatt, das er zu Hause in Ruhe studieren kann.

Die Folge: Der Patient wird motiviert, die verordnete Therapie adäquat anzuwenden, einer neuerlichen Erkrankung vorzubeugen und eventuell seinen Lebensstil zu modifizieren.

Anhang

Hier stellen wir beispielhaft Reaktionen auf die in MEDICAL TRIBUNE vorgestellten Tips vor. Die Diskussionsbeiträge, ob spontane Leserbriefe oder von der Redaktion angeregte Stellungnahmen, sollen im Zusammenhang mit dem jeweiligen Tip gelesen werden. Aus diesem Grund wird auch nur aus den vorangegangenen Kapiteln auf den dazugehörigen Diskussionsbeitrag verwiesen und nicht umgekehrt.

✉ 1

Es ist natürlich nicht so einfach, wie Herr Kollege Giebel die Lage darstellt, und der Bragard ist meiner Ansicht nach kein Trick im Bereich der Ischiasdiagnostik, sondern eine Untersuchungsmethode, die gekannt und gekonnt angewendet werden muß, worauf auch Prof. Lüthy aus Zürich hinweist.
Ich halte also den Bragard auf keinen Fall für einen Trick, der angewendet werden kann, um einen Simulanten, der einen Ischias vortäuschen will, zu überführen. Denn: wenn jemand einen Ischias vortäuschen will, dem wird sicherlich nicht unbekannt sein, daß es auch einen Bragard gibt und er diesen auch vortäuschen kann.
Wenn es schon um das Entlarven eines Simulanten geht, wird mir der Bragard nicht viel nützen. Es gibt aber tatsächlich einen Trick, auf den fast kein Patient geschult ist. Wir legten den Patienten auf den Bauch und machten in dieser Lage die Flexion des Unterschenkels zum Oberschenkel, wobei naturgemäß der Ischiadicus maximal relaxiert wurde, also keinerlei Schmerzen verursachen kann. Der „Patient", der diesen Trick nicht kannte und nur darauf bedacht war, auf alles zu „reagieren", was mit ihm unternommen wurde, bäumte sich und krümmte sich in allen Richtungen, um seinen „großen Schmerz" zu demonstrieren und war damit auch schon überführt.

Dr. Alexander A. Sax
Leitender Facharzt des Therapieinstituts „Olympia"
München

✉ 2

Die beschriebene Untersuchung mittels Blutdruckmanschette wurde erstmals 1954 von Lowenberg angegeben (Lowenberg-Test). Sie ist sicher ein wertvolles Hilfsmittel zur Diagnose tiefer Beinvenenthrombosen, besonders im Wadenbereich. Es darf aber nicht übersehen werden, daß der Test gelegentlich auch bei Hämatomen, Muskelrissen, Tumoren und selbst bei statisch bedingten Muskelverspannungen positiv, andererseits aber auch bei eindeutigen Wadenmuskelthrombosen negativ ausfallen kann. Daher sind bei Verdacht auf Wadenmuskelthrombosen auch genaueste Inspektion und Palpation aller bekannten Druckpunkte unentbehrlich. Bei entsprechender Erfahrung ist vor allem die Palpation eines intrafaszialen Ödems ein wertvoller Hinweis. Aber trotz all dieser Untersuchungsmethoden soll nach May eine diagnostische Sicherheit nur in etwa 50 % der Fälle bestehen. Diesen Prozentsatz halte ich persönlich für zu niedrig angesetzt, es ist aber May zuzustimmen, daß eine absolut sichere Diagnose nur durch die Phlebographie gestellt werden kann. Trotzdem stellt der Lowenberg-Test in Verbindung mit allen übrigen klinischen Untersuchungsmethoden zweifellos eine Bereicherung unserer diagnostischen Möglichkeit dar. Im Zweifelsfall entscheidet aber nicht der Lowenberg-Test, sondern die Phlebographie.

Dr. Gisbert Wesener
Facharzt für Hautleiden
Aachen

✉ 3

Der angegebene Test zur Diagnose einer tiefen Unterschenkelthrombose ist schon seit langer Zeit bekannt und stellt für den praktischen Arzt, der über keine apparative Ausrüstung verfügt, sicherlich eine gewisse Hilfe bei der Diagnostik einer tiefen Unterschenkelvenenthrombose dar. Allerdings ist auch dieser Test, wie alle klinischen Untersuchungen, mit einer beträchtlichen Fehlerquelle behaftet, so daß man wahrscheinlich nur auf eine Trefferquote von etwa 50 % kommt. So werden zum Beispiel ein tiefliegendes Hämatom, eine oberflächliche Phlebitis oder ein Muskelriß mit diesem Test ebenfalls einen positiven Befund geben, obwohl keine Venenthrombose vorliegt. Bei dieser Sachlage halte ich es für etwas übertrieben, davon zu sprechen, daß im Falle eines positiven Testes eine tiefliegende Thrombose sehr wahrscheinlich ist.

Prof. Dr. K. Lechner
I. Medizinische Universitätsklinik
Wien

✉ 4

Der Tip ist nicht ganz neu. In der Fachliteratur erscheint er unter dem Namen Lowenberg-Test. Es ist nicht unbedingt nötig, mit dem Aufblasen der Blutdruckman-

schette auf der linken Seite zu beginnen, zweckmäßigerweise stellt man die Schmerzgrenze zuerst am gesunden Bein fest und dann am kranken. Normalerweise wird der Manschettendruck von 120 mm Hg (= 160 Hektopascal) ertragen. Werte unter 80 mm Hg bzw. 105 Hektopascal sind verdächtig für das Vorliegen eines subfaszial entzündlichen Prozesses nebst einer Thrombose.
Der Lowenberg-Test gehört zu den nicht sicheren Zeichen wie der Payr'sche Fußsohlendruckschmerz oder das Homans-Zeichen. Sicherer und ungefährlich ist die Diagnose durch die Phlebographie zu stellen.

Dr. Udo Ellerbrock
Facharzt für Hautkrankheiten
Hamburg

✉ 5

Obwohl die Pfefferminze (Mentha piperita) offenbar schon zur Zeit von Plinius und Hippokrates für die Behandlung verschiedenster Krankheitszustände eingesetzt wurde, ist diese Substanz in den Sachregistern der meisten medizinischen und pharmakologischen Lehrbücher nicht erwähnt.

Von den Pharmakologen wird die Pfefferminze den sogenannten Karminativa, d.h. Substanzen, die gegen Blähungen wirken, zugeordnet. Gunn, 1920, sowie Plant (Nomen est omen?), 1926, haben gezeigt, daß Karminativa den Muskeltonus des Magens im Tierexperiment herabsetzen. Creamer, 1955, und Sigmund und McNally, 1969, konnten in manometrischen Studien nachweisen, daß beim Menschen durch intragastrische Applikation von Pfefferminzöl der Druck des unteren Ösophagussphinkters gesenkt wird. Es ist möglich, daß Pfefferminzöl in der Tat zu einem gastro-ösophagealen Reflux führt, was epigastrische Schmerzen verursachen kann. Vernünftige klinische Studien zu diesem Problem sind mir indessen nicht bekannt, sie wären im übrigen sicher schwierig durchzuführen. Es ist mir auch unklar, woher Kollege Wahl die Information hat, daß Pfefferminze eine Noxe für die primär geschädigte Magenschleimhaut sei. Es gilt zu bedenken, daß es sich bei den Magenbeschwerden von Kindern doch vorwiegend um eine harmlose, passagere Erscheinung handelt, die auch ohne Behandlung rasch abklingt. Pfefferminzbehandlung ist eine Maßnahme, die etwa in der Mitte steht zwischen einer medikamentösen Therapie und einer diätetischen Maßnahme. Wir Gastroenterologen sehen immer wieder Patienten mit benignen Magen-Darm-Erkrankungen, die an ihnen aufoktroyierten medikamentösen oder diätetischen Maßnahmen mehr leiden als an der Grundkrankheit. Auch ist bekannt, daß viele pflanzliche Medikamente, man denke vor allem an die Laxanzien, ganz im Gegensatz zur Volksmeinung in keiner Art und Weise harmlos sind. In diesem Sinne ist die, wenn auch etwas zu dogmatisch vorgetragene Warnung gegen eine unnötige Pfefferminztherapie durchaus zu unterstützen.

Prof. Dr. F. Halter
Inselspital Bern, Abt. f. Gastroenterologie
Bern

✉ 6

Die echte angeborene, rüsselförmige („hypertrophe“) Phimose ist ein sehr seltener Befund. Ich sehe ihn unter 400-450 betreuten Säuglingen jährlich vielleicht 2-3mal. Sie kann mit oder ohne Entzündung die Miktion behindern und stellt sich dabei ballonartig dar. Nur diese, die Miktion behindernde Phimose, ist primär operationsbedürftig (Circumcision!).
Beim Säugling bestehen jedoch physiologische Verklebungen der Vorhaut mit der Glans penis, die nur das Orificium urethrae ext. freilassen und vielfach auch als „Phimose“ bezeichnet werden. Dieser, die Miktion nicht behindernde und völlig physiologische Zustand infolge

noch mangelhafter Differenzierung der beiden Schleimhautblätter, soll nicht angerührt werden. Auch Lösen mit der Knopfsonde ist nicht nötig. Bei Repositionsversuchen kommt es durch Einreißen der Haut oder Schleimhaut zur Bildung stenosierender Narben, also gerade zu dem Zustand der vermieden werden sollte. Die rasche neuerliche Verklebung der „gelösten" Vorhaut, die eine wiederholte Behandlung und tägliches Zurückziehen nötig macht, ist wohl ein Hinweis, daß zu früh eingeschritten wurde. Auch das Auftreten einer Blutung beim Zurückziehen der Vorhaut zeigt an, daß die Lösung noch unreife Schichten betroffen hat. Unbehandelt kommt es spontan im Alter von 3-5 Jahren, möglicherweise im Zusammenhang mit Spontanerektionen, zum Lösen der Schleimhautblätter. Von da an kann die Vorhaut ohne Blutung und ohne wesentliche Schmerzen zurückgestreift werden. Eine während der Zeit der spontanen Lösung gelegentlich auftretende Balanitis durch Taschenbildung heilt nach Anwendung einer antibiotischen Salbe rasch ab. Repositionsversuche im entzündlichen Stadium sind kontraindiziert.
Wer die Kinder bei der fast ritualisierten „Behandlung" der „zu engen Vorhaut" schon im frühen Säuglingsalter beobachtet, ihre Schmerzen sieht, die Angst vor dem Arzt wegen der oft monatelangen Wiederholung, dem ist es unverständlich, daß diese Maßnahme zur Beseitigung eines physiologischen Zustands überhaupt noch durchgeführt wird. Allein das Mitleid mit dem Patienten (Leiden-

den; hier infolge eines unnötigen Eingriffes) müßte uns helfen, davon abzusehen. Selbst die bei gelegentlich auftretenden rezidivierenden Balanitiden nötige Circumcision ist nach den modernen Methoden ein einfacher Eingriff und wiederholten Plagen vorzuziehen.

Dr. H. Vanura
Facharzt für Kinderheilkunde
A-Tulln

✉ 7

Die genaue Markierung von Injektionsstellen auf der Haut spielt auch im Rahmen der Orthopädie eine große Rolle. Mit der von Herrn Kollegen van Rensen vorgeschlagenen Methode zur Markierung von Schmerzpunkten auf der Haut ohne Farbstoffbenutzung habe ich keine eigenen Erfahrungen. Ich selber verwende hierzu einfach meinen Fingernagel. Da der jeweilige maximale Schmerzpunkt sehr sorgfältig lokalisiert werden muß, was im allgemeinen mit der Fingerkuppe erfolgt, liegt es nahe, dabei zugleich die notwendige Markierung mit dem Zeigefinger- oder gelegentlich auch dem Daumennagel durchzuführen.

Häufig wiederkehrende Markierungspunkte sind dabei unter anderem die Gegend des Trochanter major oder der Kreuzdarmbeinfugen bei der Coxarthrose bzw. bei Periarthropathien, lokalen Reizzuständen, Lumbalgien o. ä., der Schultergelenkbereich bei der Periarthropathia humero-scapularis bzw. dem Supraspinatus-Syndrom, der Ellenbogengelenkbereich bei der Epicondylopathia radialis und (wesentlich seltener) ulnaris (sogenannter Tennisellenbogen). Das gleiche gilt für intraartikuläre Injektionen am Kniegelenk. Hierbei erfolgt die Markierung des vorderen Gelenkspaltes bei der Injektionstechnik von ventral am besten mit dem Daumennagel bds. des Lig. patellae. Die Markierung nimmt man am besten nach dem ersten Hautanstrich vor, der anschließend nochmals wiederholt werden muß. Die Nagelmarkierung bleibt stets ausreichend lange bestehen, so daß genügend Zeit bleibt, anschließend noch steril abzudecken bzw. sich sterile Handschuhe überzuziehen.

Prof. Dr. H. Thom
Chefarzt der orthopäd. Abteilung, Laurentius-Krankenhaus Rummelsberg
Schwarzenbruck

✉ **8**

Der Tip ist zweifellos gut, nur die „Folge" nicht:
Man kann zwar derart versorgte Spritzen und Kanülen überall fortwerfen, nur man darf es nicht.
Es ist allgemein anerkannte Tatsache, daß jede hundertste Blutprobe als Hepatitis-infiziert zu gelten hat.
Damit greift hier die Bestimmung des § 39 des Bundesseuchengesetzes (BSeuchG). Diese Bestimmung sieht vor, daß „ ...Gegenstände... (die) mit Erregern meldepflichtiger Krankheiten behaftet" sein können, entseucht werden müssen. Ist deren Entseuchung nicht möglich oder zu kostspielig, müssen sie vernichtet werden.
Die Nichtbefolgung dieser Bestimmung stellt nach § 69 BSeuchG eine Ordnungswidrigkeit dar, die mit einer Geldbuße bis zur Höhe von DM 5000,– geahndet werden kann.
Das „Wegwerfen" kann also teuer werden!
Es empfiehlt sich daher, gebrauchte Einwegartikel (Spritzen, Kanülen, Katheter, usw.) zu sammeln und sie zu sterilisieren. Danach können sie problemlos mit dem Hausmüll beseitigt werden.

Dr. Schindel
Leitender Medizinaldirektor und Amtsarzt am Gesundheitsamt des Landkreises Hannover
Hannover

✉ 9

Bei den „Fußwarzen" des Kollegen handelt es sich überhaupt nicht um Warzen, sondern um Clavi, verstopfte und verhornende Schweißdrüsen, die innerhalb der Kutis bis Haselnußkerngröße erreichen können.
Jede Behandlung mit Salicylpräparaten o. ä. ist erfolglos und weicht nur die Oberfläche dieser derben und daher recht schmerzhaften Neubildungen auf.
Nur die in Lokalanästhesie (1 Stich!) zu erfolgende Enukleation bis an den Rand der Subkutis mit scharfem Löffel bringt Hilfe.

Dr. E. Wahl
Facharzt für Chirurgie
Berlin

✉ 10

Vor der empfohlenen Behandlungsmethode muß im Interesse der Patienten und auch im Interesse der Ärzte, die sich durch Ihren Artikel unter Umständen verleiten lassen, eine derartige Behandlung an ihren Patienten zu versuchen, dringend gewarnt werden, und zwar aus folgenden Gründen:
1. Die Ursache der sogenannten Tendovaginitis stenosans ist bei den beiden Kollegen offensichtlich überhaupt nicht bekannt. Sie liegt keineswegs in einer Luxation der Fingerbeugesehnen durch Erschlaffung oder Einrisse der Befesti-

gungsbänder (Ligamentum anulare cruciatum etc.), wie behauptet wird, sondern wie in der Anmerkung Ihrer Redaktion schon richtig festgehalten wurde, in einer Verengung der Sehnenscheide am Eintritt in den osteofibrösen Kanal einerseits, andererseits in der Entstehung eines Knotens in der Sehne selbst, wobei die Pathogenese dieser Veränderung verschiedenartig sein kann.

2. Im Vergleich zur kompetent chirurgisch durchgeführten Behandlung ist die angegebene Behandlung wesentlich aufwendiger. Nach dieser kleinen Operation den Finger während 14 Tagen, dazu noch in der für das Fingermittelgelenk ungünstigen Beugestellung, in einen Gipsfingerling zu stecken, ist aus handchirurgischer Sicht geradezu grotesk. Wie der Autor angibt, ist demnach auch anschließend eine Bewegungstherapie notwendig. Die angegebene Morbidität von 3 Wochen nach dieser Operation beweist denn auch ihre Unzweckmäßigkeit.

Wird eine Tendovaginitis stenosans von einem kompetenten Chirurgen auf klassische Weise operiert, dann ist es den meisten Patienten möglich, nach Fadenentfernung am 8. Tag ihre Arbeit normal wieder aufzunehmen; eine Bewegungstherapie ist überflüssig, da unmittelbar nach erfolgter Operation die Hand normal bewegt werden soll und kann. Nach einer solchen Operation genügt lediglich ein leichter Verband oder auch nur ein Schnellverband, wie wir dies bei uns durchführen.

Wegen der Frage des Honorars finde ich Ihre Äußerung geradezu lächerlich. Die Patienten, die auf unserer Abteilung behandelt werden, benötigen nach erfolgter Operation noch eine Konsultation, nämlich zur Fadenentfernung. Der Aufwand mit Gipsfingerling, notwendiger Gipskontrolle, anschließender Bewegungstherapie könnte sehr leicht zu einem ansehnlich höheren Honorar führen als dies von vernünftigen Chirurgen für die klassische Behandlung dieses Leidens verlangt und in den Tariflisten der Versicherungsträger verankert ist.

Dr. V. Meyer
Leitender Arzt der Abteilung für Chirurgie der Hand und der peripheren Nerven, Universitätsspital Zürich
Zürich

Anmerkung unseres Fachredakteurs
Dr. Ernst Schneider, Facharzt für Unfallchirurgie

Die Aussage einer „kompetenten" Stelle, daß nach einer auf klassische Weise durchgeführten chirurgischen Behandlung die Hand – gemeint ist der operierte Finger – normal bewegt werden und nach Fadenentfernung am 8. Tag der Patient seine Arbeit wieder aufnehmen könne, scheint mir zumindest ebenso anfechtbar zu sein wie die Methode von Dr. Sauer. Nahtentfernung nach 8 Tagen – noch dazu über Gelenken, die sofort nach der Operation normal bewegt werden sollen – scheint mir doch etwas kurz zu sein. Es gibt andere „kompetente" Chirurgen, die prinzipiell Nähte an den Händen erst nach 14 Tagen

entfernen, besonders bei älteren Patienten. Ich selbst operiere, wie ich glaube, nach der „kompetenten" Methode, habe aber nie erlebt, daß ein Patient nach 8 Tagen seine Arbeit wieder aufgenommen hat. 2-3 Wochen Krankenstand, besonders bei manuell arbeitenden Menschen, sind die Regel.
Die Dauer der Behandlung scheint mir bei beiden Methoden gleich zu sein. Die Methode „Sauer" ist sicher einfacher, in der Sicht „kompetenter" Handchirurgen ebenso sicher gefährlicher. Die behaupteten Erfolge sprechen allerdings gegen eine Gefährlichkeit. Es steht somit Ansicht gegen Ansicht: Die Handchirurgen haben die pathologische Anatomie auf ihrer Seite und auch den Erfolg, die Sauer und Co. nur ihre Erfolge. Wer von beiden letzten Endes recht hat, könnte nur dann festgestellt werden, wenn sich eine genügende Anzahl verpfuschter Patienten meldet und diese einwandfrei einer der beiden Operationen angelastet werden können.
Übrigens wurde auch kürzlich auf dem Wörthersee-Symposium „Handchirurgie im Kindesalter" in Klagenfurt von Prof. Dr. Wolfgang Fischer, Leiter der Kinderchirurgischen Abteilung der chirurgischen Universitätsklinik Greifswald, DDR, die subkutane Durchtrennung des Lig. anulare zur Behandlung von Sehnenscheiden-Stenosen, also auch von „schnellenden Sehnen" propagiert. Führende Handchirurgen aus der Schweiz, der Bundesrepublik Deutschland, aus Österreich und anderen Ländern äußerten keinen Widerspruch.

✉ 11

Sehr geehrter Herr Kollege Rey
Da ich bislang keine eigenen Erfahrungen mit der von Ihnen empfohlenen Methode habe, kann ich mir noch kein Urteil hierüber bilden. Im übrigen haben mir meine eigenen Patienten über relativ wenige bzw. keinerlei Klagen in der von Ihnen angegebenen Art berichtet. Glücklicher- oder zufälligerweise haben Sie nun als Beispiel für Ihre Art der Anlegung der Armschlinge ein Foto beigefügt, denn Ihre Anregung kann meines Erachtens nach nicht ohne einen einschränkenden Hinweis generell empfohlen werden.
Vermutlich wird auch Ihnen bekannt sein, daß man früher das so beliebte Dreiecktuch – nicht nur wegen seiner schwarzen Farbe – als das „Leichentuch der Schulter" keineswegs ganz zu Unrecht angegriffen hat. Erwiesenermaßen bildet sich vor allem bei älteren Patienten infolge einer weitgehenden oder gar vollständigen Fixation des Schultergelenkes in Adduktionsstellung, wie sie bei dem Verband nach Velpeau oder Ihrer Form des Tragens der Armschlinge vorliegt, nahezu stets in verhältnismäßig sehr kurzer Zeit nicht nur eine vollständige, sondern vor allem auch ausgesprochene therapieresistente Versteifung des in dieser Hinsicht sehr empfindlichen Schultergelenkes aus. Derartige fixierende Verbände sollten daher bei älteren Patienten nie länger als höchstens 8-10 Tage getragen werden. So lasse ich auch bei der häufigen subkapitalen Humerusfraktur alter Menschen diese bereits unmittelbar nach Anlegen des Oberarm-

Hängegipses behutsam zunehmende Bewegungsübungen im betroffenen Schultergelenk zunächst in vornüber gebückter Haltung ausführen. In ähnlicher Weise werden alle Patienten mit einer Armschlinge grundsätzlich angehalten, den betroffenen Arm mehrmals am Tage senkrecht über den Kopf zu erheben, damit auch der geringsten Bewegungseinschränkung im Schultergelenk von vornherein aktiv entgegengearbeitet wird. Dies ist jedoch von vornherein mit Ihrer Methode weniger gut möglich, es sei denn, der Patient nimmt die Hand zum Üben aus der Armschlinge heraus. Meiner Ansicht nach kommt deshalb Ihr Verfahren nur bei Kindern und jüngeren Erwachsenen ohne Einschränkung in Betracht. Anderenfalls könnten die hiermit verbundenen Nachteile die von Ihnen erwähnten Vorteile Ihrer Methode überwiegen.

Prof. Dr. H. Thom
Chefarzt d. orthop. Abt., Laurentius-Krankenhaus
Rummelsberg
Schwarzenbruck

✉ 12

Heutzutage wird von Armtragschlingen bei Gipsverbänden abgeraten wegen der dadurch erhöhten Wahrscheinlichkeit einer Kontrakturbildung im Schultergelenk.
Da die beschriebene Schlingenführung den Gipsverband wesentlich angenehmer tragen läßt und etwas schwieriger im Anlegen ist, kann man davon ausgehen, daß diese Schlinge jeweils sehr lange getragen wird; dadurch erhöht sich aber die Kontrakturgefahr noch mehr.

cand. med. Betram Dreßler
Neu-Ulm

✉ 13

Dieser Tip ist sehr gut; ich möchte nur darauf aufmerksam machen, daß sehr oft beim Platzen des Ballons ein Stück vom Ballon reißt und in der Blase bleiben kann und dann als Fremdkörper reagiert. Deshalb muß nach der Entfernung des Ballons immer der geplatzte Ballon genau kontrolliert werden, da man ansonsten später unter Umständen Schwierigkeiten hat.

Dr. I. Albescu
Chefarzt der urologischen Abteilung des Kreiskrankenhauses Mallersdorf
Mallersdorf-Pfaffenberg

✉ 14

Die beschriebene Methode, das Beschlagen des Kehlkopfspiegels mit Wasser, unter Zusatz eines modernen, handelsüblichen Wasserentspannungsmittels zu vermeiden, praktiziere ich seit vielen Jahren mit gutem Erfolg.
Allerdings fülle ich in das Standgefäß zusätzlich, als Desinfektionsmittel, noch Zephirol und als Geschmackskorrigens einige Tropfen Inhalol.
Diese Methode hat sich bei mir auch gegen das Beschlagen bei Endoskopieoptiken bewährt.

Dr. Hartmut Sauer
HNO-Arzt
München

✉ 15

Auf diesen Tip ist etwas zu erwidern: Die Diaphanoskopie ist eine schöne und einfache Methode, aber man kann auch erheblichen Irrtümern unterliegen. Ich benutze diese Methode „unendlich" oft, lasse aber bei auffallendem Befund (z.B. einseitige Verschattung) immer eine Röntgenaufnahme zur weiteren Abklärung machen. Dabei zeigt sich in nicht wenigen Fällen – wie übrigens auch bei beidseitiger Lichtundruchlässigkeit – eine deutliche

seitendifferente Hypoplasie, so daß eine Entzündung vorgetäuscht wird.
Erst beim Vergleich mit einem Rö-Bild kann man den diaphanoskopischen Befund interpretieren. Danach läßt sich allerdings sehr schön der Heilverlauf kontrollieren.
Dies nur zur Warnung vor Irrtümern!

Dr. Jörg Sellerbeck
Hals-Nasen-Ohrenfacharzt
Lübeck

✉ 16

Nicht ohne Grund kommt man bisweilen gerne auf alte Volks- und Bauernrezepte zurück, wie das von Herrn Dr. Wegmann aus Gockhausen mitgeteilte Verfahren „Schneuzen nach Bauernart".
Das Problem des Druckstaus in der Nase, das bei normalen Schneuzgewohnheiten mittels gleichzeitigem Anpressen beider Nasenflügel auftreten kann, läßt sich folgendermaßen vermeiden: Man hält den Patienten an, erst die eine Seite, dann die andere Seite auszuschneuzen, wodurch es durch den dadurch beschleunigten Luftstrom zu einem besseren Saugeffekt für die Nebenhöhlen kommt. Bei verschwollener Nase allerdings ist vor zu heftigen

Schneuzversuchen ohne vorherige Abschwellung der Nase zu warnen, da es sonst durch Überdruck im Nasenrachenraum zu Übertritt von Nasen- und Kieferhöhlensekret in die Ohrtrompete und damit zu einer möglichen Otitis media kommen kann.
Speziell bei Nebenhöhlenerkrankungen empfehle ich meinen Patienten, während des Schneuzvorganges den Kopf nach vorn und unten zu halten, damit das Sekret – der Schwerkraft folgend – aus den natürlichen Nebenhöhlenostien austreten kann, und zwar aus folgendem Grund: Die Nebenhöhlenostien im mittleren Nasengang liegen beim Menschen als Zweifüßler unphysiologisch hoch. Dieses entwicklungsgeschichtliche Handikap kann man dadurch wettmachen, daß man zumindest beim Schneuzen die Kopfhängelage des Vierbeiners einnimmt.

Dr. Hartmut Sauer
Hals-Nasen-Ohrenarzt
München

✉ **17**

Derselbe Effekt, wie von Herrn Kollegen Bauer beschrieben, läßt sich auch folgendermaßen erreichen: Man schiebt ein Stück Löschblatt 4 cm lang, 1 cm breit, oder einen Zellstofftupfer zwischen Oberlippe und Schneidezähne bis zur Schleimhautumschlagfalte hoch. Auch hier kommt es in den meisten Fällen zum Stillstand des Nasenblutens.

Begründung: Es handelt sich dabei um eine Reizung des Organon Jacobsoni, wobei es zu einer vorübergehenden Gefäßkontraktion im Bereich der normalen Riechschleimhaut kommt.
Dieses Organ ist bei der Spezies Mensch verkümmert und wird eigentlich nur noch von den Weintrinkern benutzt, die den Wein unter der Oberlippe aufschlürfen, um so die Blume besonders wahrzunehmen.
Bei den Vierbeinern (Huftieren und Raubtieren) wird dieses Organon noch gezielt zur Aufnahme von Duftstoffen, die bei weiblichen Tieren eine Eireifung ankündigen, eingesetzt. Die männlichen Tiere stülpen die Oberlippe hoch und atmen durch den Mund ein. Dadurch können sie spezifische Ausscheidungen erfassen (sogenanntes Flehmen). Wahrscheinlich ist durch unseren aufrechten Gang, die bessere Sichtmöglichkeit und die Sprache dieses Organon bei uns überflüssig geworden und verkümmert.

Dr. Max Furthmüller
Krankenhauszweckverband Augsburg, Blutbank
Augsburg

✉ **18**

Diese Methode ist auf das schärfste abzulehnen. Ich habe jahrzehntelang in Kursen in erster Hilfe, Sanitätsausbildung, Luftschutz etc. immer darauf hingewiesen und meinen Schülern eingebleut: Niemals eine subkutane Einspritzung in die Arme; da in den Armen viele Nerven verlaufen, ist die Gefahr groß, daß ein Nerv getroffen wird. Subkutane Injektionen nur an der Vorderseite des Oberschenkels, und zwar in der Mittellinie. Da kann im großen und ganzen nichts passieren.
Technik: Mit Daumen und Zeigefinger die Haut hochheben und parallel zur Hautfläche einstechen.

Dr. Hans Freyvogel
Hamburg

✉ 19

Den Tip von Herrn Dr. Ruprecht praktizieren auch wir gelegentlich. Es sollte allerdings beachtet werden, daß das verwendete Insulin nicht an der Spritze sedimentieren kann. Es sollten diese Diabetiker also auf ein klares und gelöstes Insulin eingestellt sein. Die Distanz, Insulin in der Spritze 8 Tage im voraus aufzuziehen, ist vielleicht etwas zu lang, da es bei Verwendung dünner Injektionskanülen möglicherweise durch Austrocknung zur Ausfällung in der Kanüle kommen kann.
Die Kanüle wird möglicherweise verstopft und die aufgezogene Dosis unbrauchbar. In der Praxis ist ein stark sehbehinderter Diabetiker auch kaum jemals eine Woche völlig allein. Aufgezogene Spritzen für die Morgen- und Abenddosis für 2 bis 3 Tage können durchaus im Kühlschrank aufbewahrt werden.

Prof. Dr. Jürgen Beyer,
Leiter der Abt. f. Endokrinologie
und Stoffwechsel, II. Med. Universitätsklinik,
Mainz

und wo bleibt Ihr Tip?

. . . und wo bleibt Ihr Tip?

Das nächste Sammelwerk „Tips und Tricks für die Praxis" wird schon vorbereitet. Zuerst erfolgt natürlich Veröffentlichung in Medical Tribune. Schicken Sie uns Ihren Tip, Ihre Tips. Sie bekommen auf jeden Fall für jeden veröffentlichten Tip eine Langspielplatte nach unserer Vorschlagsliste und zwei Belegexemplare des Ende 1980 erscheinenden Sammelbandes.

Mein Tip: ____________________

Datum
Stempel
Unterschrift

einsenden an
Verlag Medical Tribune GmbH
Postfach 4240, D-6200 Wiesbaden 1

. . . und wo bleibt Ihr Tip?

Das nächste Sammelwerk „Tips und Tricks für die Praxis" wird schon vorbereitet. Zuerst erfolgt natürlich Veröffentlichung in Medical Tribune. Schicken Sie uns Ihren Tip, Ihre Tips. Sie bekommen auf jeden Fall für jeden veröffentlichten Tip eine Langspielplatte nach unserer Vorschlagsliste und zwei Belegexemplare des Ende 1980 erscheinenden Sammelbandes.

Mein Tip: ______________________________

Datum
Stempel
Unterschrift

einsenden an
Verlag Medical Tribune GmbH
Postfach 4240, D-6200 Wiesbaden 1